Para Daniel e Andrew Ligon. Observei vocês dois crescerem e se transformarem em verdadeiros outdoors da graça. Vocês me inspiram! Que Deus continue a preenchê-los e a usá-los.

MAX LUCADO

Mais de 100 milhões de livros vendidos

GRAÇA RADICAL

Curtir a vida é #*vivercomDeus*

Adaptado para adolescentes por James Lund

Tradução de
Lena Aranha

THOMAS NELSON
BRASIL®

Rio de Janeiro – 2014

Título original: *Wild grace*

Publisher	*Omar de Souza*
Editor responsável	*Samuel Coto*
Produção	*Thalita Aragão Ramalho*
Produção editorial	*Thiago Braz*
Tradução	*Lena Aranha*
Preparação de originais	*Daniel Nascimento*
Revisão	*Maria Fernanda Barreto*
Diagramação e projeto gráfico	*Carmen Beatriz*

As citações bíblicas foram extraídas da NVI — Nova Versão Internacional, salvo quando especificado.

CIP-BRASIL. CATALOGAÇÃO NA FONTE
SINDICATO NACIONAL DOS EDITORES DE LIVROS, RJ

L931g
Lucado, Max
Graça radical: curtir a vida é viver com Deus. / Max Lucado; Adaptado para adolescentes por James Lund; [tradução de] Lena Aranha. – Rio de Janeiro: Thomas Nelson Brasil, 2014.

ISBN: 978-85-7860-373-1

1. Vida cristã. 2. Deus. 3. Graça. I. Aranha, Lena. II. Título.

CDD 248.4
CDU 27-584

Thomas Nelson Brasil é uma marca licenciada à Vida Melhor Editora S.A.

Rua Nova Jerusalém, 345 – Bonsucesso
Rio de Janeiro – RJ – CEP 21402-325
Tel.: (21) 3882-8200 – Fax: (21) 3882-8212 / 3882-8313
www.thomasnelson.com.br

SUMÁRIO

AGRADECIMENTOS

Aceno uma bandeira de gratidão a essas pessoas que tornaram o livro *Graça radical* possível:

James Lund, sua capacidade de se relacionar com os adolescentes é excepcional. Obrigado por seu excelente trabalho.

Michelle Prater Burke, obrigado por levar este livro da ideia à conclusão.

Laura Minchew e o restante da equipe da *Thomas Nelson*, vocês são mais que colegas, são amigos. Obrigado.

Shelby Di Giosia e *Nathan Crosby*, nossos editores adolescentes, a percepção de vocês foi super. Obrigado!

PARTE 1

DEUS, A GRAÇA E VOCÊ

1

A AVENTURA DA GRAÇA

A graça de Deus é abundante.
Superabundante. Como uma correnteza
que vira você de ponta-cabeça.
A graça vai em sua busca.

Enquanto você conduz seu caiaque rio abaixo, seu coração bate disparado no peito como as asas de um beija-flor. Você está preparado para isso? Agora, não há volta. O turbilhão rodopiante e as correntes em cascata que levam à Rocha do Monstro estão bem ali à frente.

Você avança, a espuma voando e as cachoeiras rugindo. Antes que perceba, escapa um grito de seus lábios:

— Uhuuuuuu!

Isso é viver.

Com remadas rápidas você passa uma pedra, depois outra. De repente, ali está. Um montículo escuro maior que sua garagem. A mãe de todas as rochas do rio.

Por causa da exploração que fez, você sabe que nesse ponto a correnteza é seu verdadeiro inimigo. Você tem de conseguir desviar para a esquerda antes que as águas ferozes peguem seu barco leve como cortiça nessa corredeira e o jogue contra a pedra, transformando você em uma massa. É hora de remar.

Um garçom exausto aproxima-se de um cliente regular e pergunta:

— Sabe a diferença entre você e um caiaque?

O cliente sacode a cabeça respondendo que não sabe.

— O caiaque, às vezes, dá gorjeta — diz o garçom.

Você usa toda sua força. Seu coração está batendo de forma tão audível que você tem medo que seu tímpano exploda.

Esquerda! Esquerda! Você vai conseguir?

De repente, você salta através da névoa para águas mais calmas. Você conseguiu! Conquistou o Monstro!

Um segundo atrás seu coração estava batendo como um tambor. Inflexível. Desesperado. Agora, o perigo passou. Você conseguiu atravessar o momento de quase pânico. E seu coração está mudando. Da aceleração como de um trem de carga para o calmo tum... tum... tum... de um coração em descanso.

Se fosse fácil assim mudar o *resto* de seu coração...Sabe, a parte que abriga aqueles outros monstros. Estou falando de egoísmo. Superioridade. Raiva. Ganância. Culpa.

Não, para nós nunca é fácil mudar. Mas, e para Deus? Isso não é um problema. Ele está no negócio de transformação de coração.

Estaríamos equivocados se achássemos que essa mudança acontece do dia para a noite. Mas também estaríamos igualmente equivocados se assumíssemos que a transformação não acontece de maneira alguma. Ela acontece por meio de espasmos e impulsos, e talvez caiba um "arrá" aqui e uma guinada ali. Mas ela acontece.

Será que você conseguiria usar parte dessa mudança?

Você olha a escuridão. Seu gato dorme aos pés da sua cama. O ventilador de teto gira acima de você. Daqui a 15 minutos o despertador vai tocar e fazer você subir rápido como o esqueitista em uma pista para outra competição aberta a todos com os professores, os colegas de classe e de time e os amigos que talvez não sejam tão amigos. Pela milésima vez, você fará sua cama, tomará café da manhã, pegará o ônibus e cumprirá o prazo final para a lição de casa... mas, fundamentado em sua rotina, você não consegue ver o sentido dessa coisa chamada vida. Seus começos e fins. Suas composições e decomposições, datas de vencimento, dramas e questões. Do que se trata tudo isso afinal?

Você vira a página de sua Bíblia e olha para as palavras. Você bem pode estar também observando um cemitério. Sem vida e frio. Nada o comove. Você boceja ao longo da leitura diária com a mesma expressão de quem acabou de acordar que você mantém durante as aulas do sexto período de cálculo. Mas não ousa fechar o livro, não senhor. Tem medo que Deus desista de você se fizer isso.

Você corre o dedo pela foto de sua mãe. Você prometeu a ela que nunca tocaria em drogas. Então, seu melhor amigo perguntou se não queria fumar um pouco de maconha. Você estava curioso. Só pretendia experimentar a maconha uma vez. Mas uma vez virou duas que virou algumas vezes por semana. Agora, fumar maconha é praticamente um hábito. Pior ainda, sua mãe adivinhou que estava acontecendo alguma coisa. Quando ela perguntou se você ou seus amigos já tinham experimentado maconha, você disse que não. Mentiu deslavadamente para ela! Agora, sente-se péssimo. Como vai consertar isso?

Você ouve o pregador. Um tipo atarracado com papada, careca e um pescoço grosso que pende sobre o colarinho clerical. Seu pai pode fazê-lo ir à igreja, mas não pode fazê-lo ouvir. Ao menos é o que você sempre resmunga consigo mesmo. Mas, nesta manhã, você ouve, porque o pastor fala de um Deus que ama os pródigos, e você se sente como o pior tipo deles. Logo seus pais saberão. O pregador saberá. Ele diz que Deus já sabe. Você fica imaginando o que Deus pensa.

SUA HISTÓRIA:

Qual o maior problema com que está lidando neste momento?

....

Tem um plano para resolvê-lo?

....

Em uma escala de 1 a 10, sendo 1 "nenhuma preocupação" e 10, "estou condenado", quão confiante está em relação ao seu plano?

....

Onde Deus se encaixa nessa imagem?

....

A coisa não fica mais fácil, fica? Dias de contratempos. Dias ruins de aula. Escolhas ruins que destroem famílias, amizades e futuros, fazendo-o se sentir um fracasso. Será que algum dia isso tudo fará sentido para você?

Deus responde ao lixo da vida com uma palavra: **graça**.

> Poderia haver mais em relação à graça que ficar com a cabeça inclinada à mesa de jantar, e essa atitude acompanhada destas palavras:
>
> — Bom pão, boa refeição, bom Deus, vamos comer?

Falamos conforme entendemos o termo. A biblioteca nos dá um período de **graça** para pagar a multa por atraso. O mau político cai da **graça**. Descrevemos a atriz como **graciosa**, a dançarina como cheia de **graça**. Usamos a palavra para hospitais, menininhas, reis e em orações antes das refeições. Conversamos como se soubéssemos o que o termo **graça** significa.

Especialmente na igreja. A graça enche de graça as canções que cantamos e os versos da Bíblia que lemos. A graça compartilha o presbitério com seus primos, o perdão, a fé e a comunhão. Os pregadores a explicam. Os hinos a proclamam. As escolas bíblicas a ensinam.

A definição de "graça" em um dicionário é "favor divino imerecido". Soa bastante simples – Deus nos dá algo que não merecemos. Mas conseguimos realmente ter graça? E mesmo que consigamos, ela tem alguma coisa a ver com nossa vida?

Eis o meu palpite: fomos estabelecidos para uma graça sem personalidade. Ela ocupa educadamente uma frase em um hino, encaixa-se bem em um símbolo da igreja. Nunca causa confusão nem exige uma resposta. Quando lhe perguntam "Você acredita na graça?", quem pode dizer que não acredita?

Você foi transformado pela graça?

Este livro faz uma pergunta mais profunda: você já foi mudado pela graça? Moldado pela graça? Fortalecido pela graça? Encorajado pela graça? Suavizado pela graça? Agarrado pelo pescoço e sacudido até perder os sentidos pela graça?-A graça de Deus é abundante. Superabundante como uma correnteza que vira você de ponta-cabeça. A graça vai em sua busca. Ela reestrutura você. De inseguro a seguro em Deus. De cheio de arrependimentos a uma pessoa melhor por causa dela. De alguém com medo de morrer a alguém pronto para voar. A graça é a voz que nos chama a mudar e, assim, dá-nos o poder de sermos bem-sucedidos.[1] Uma vez que você a encontra, nunca mais será o mesmo.

Uma moça chamada Shannon entende isso. Enquanto ia para a escola de ensino médio no terceiro dia de aula do penúltimo ano, sua maior preocupação era memorizar o horário de suas aulas, a combinação da fechadura do armário e a rotina do grupo de torcida da escola.

Ah, mais uma coisa: batom. Ela se esquecera de passar batom naquela manhã.

Shannon dirigia em uma estrada rural, do tipo com cenário sem--fim de fileiras de pés de milho e grupos de vacas, mas raramente com pessoas. Quase nunca, na verdade. Por isso, Shannon ajustou o espelho retrovisor para passar rapidamente o batom nos lábios. Levou apenas um segundo. Quando seus olhos voltaram para a estrada, ela vislumbrou algo se movimentando bem na sua frente.

O carro sacudiu. Shannon brecou. Ela bateu em alguma coisa.

O sentimento de desfalecimento nas entranhas de Shannon se transformou em horror quando ela saiu do carro e viu o corpo de uma mulher deitada de rosto para baixo na grama ao lado de uma bicicleta destroçada. Os paramédicos logo confirmaram o pior. A mulher, Marjorie Jarstfer, estava morta.

Shannon queria se juntar a ela. Um pensamento não parava de atravessar seu cérebro incrédulo: "Eu devia ter morrido, não ela."

Mais tarde, Shannon soube que o marido da mulher morta, Gary, queria que ela se encontrasse com ele em sua casa na noite anterior ao funeral. Essa era a última coisa que Shannon queria fazer. Ela estava aterrorizada. Contudo, sabia que não podia se negar a atender esse pedido.

Quando Shannon entrou na casa naquele dia, seu coração disparou. No fim do corredor de entrada, um homem corpulento de meia idade se aproximou dela. Ele abriu bem os braços. Shannon não conseguia acreditar nisso. Ele não estava com raiva. Queria um abraço. Esse marido pesaroso abraçou Shannon, e as lágrimas que ela estivera segurando fluíram livremente na camisa dele.

— Sinto muito — disse ela. — Eu sinto tanto.

Gary fez Shannon se sentar e começou a lhe falar da esposa. Marjorie amava o Senhor e estava perto dele. Ela dissera a Gary que sentia que logo iria para casa.

Shannon não conseguia acreditar nisso. Ele não estava com raiva. Queria um abraço.

— Você não pode deixar que isso arruíne sua vida, Shannon — disse-lhe Gary. — Deus quer fortalecê-la por meio disso. Ele quer usá-la. Na verdade, estou lhe passando o legado de Marjorie de ser uma mulher piedosa. Quero que você ame Jesus sem limites, da mesma maneira como Marjorie amou.

Gary se recusou a apresentar queixa contra Shannon ou processar sua família por danos, recebendo apenas o que o seguro pagaria. Shannon continuou a esperar que Gary recuperasse a razão ou impusesse uma punição adequada. Isso nunca aconteceu.

A graça tinha perseguido Shannon desde o momento em que tinha entrado no carro naquela fatídica manhã de um dia comum. Ela finalmente deixou que a graça a pegasse e, como fizera Gary Jarstfer, a envolvesse em um grande abraço que não terminaria. Shannon passou do se sentir culpada a se sentir escolhida. Seu futuro estava garantido. Ela viveria o legado de Marjorie, uma mulher piedosa que ama a Jesus imensamente. Hoje, Shannon Ethridge é uma escritora cristã campeã de vendas, palestrante e conselheira.[2]

Que diferença a graça fez para Shannon! Que diferença ela pode fazer para você! Não consegue perdoar o amigo que o humilhou na cafeteria? Não consegue encarar seus pais porque não passou em uma prova? Não conse-

> A graça é um início da glória em nós.
>
> — Tomás de Aquino

gue se perdoar pela coisa terrível que fez ou disse ontem? Cristo pode, e ele está em movimento, tirando você ousadamente de uma vida sem graça para uma vida moldada pela graça. As dádivas concedidas concedendo dádivas. Pessoas perdoadas perdoando as pessoas. Suspiros profundos de alívio. Inúmeros tropeços, mas raro desespero.

A graça é totalmente Jesus. A graça vive porque ele vive, trabalha porque ele trabalha, se importa porque ele se importa. Ser salvo pela graça é ser salvo por ele — não por uma ideia, doutrina, credo ou filiação a uma igreja, mas pelo próprio Jesus, que levará ao céu quem simplesmente acenar para ele.

Não, veja bem, em resposta a um estalar de dedo, um canto religioso ou um aperto de mãos secreto. A graça não encenada. Ela é como Jesus mesmo: imensurável e indomável. Como uma corrida de caiaque em águas indômitas e bravias que é emocionante, assustadora e jubilosa. A graça não é apenas um aplicativo a ser adquirido. É uma aventura a ser vivida.

Está se perguntando o que fazer dessa existência louca? Está cansado demais para ter esperança em você mesmo ou em seu futuro? Preocupado em ter estragado tanto as coisas que até mesmo Deus o afastará? Você precisa de graça radical.

Vamos nos assegurar de que o mesmo aconteça com você.

2

CHEGA DE CRÍTICAS

Uma consciência limpa. Um registro limpo. Um coração limpo. Livre de acusação. Livre de condenação. Não apenas por nossos erros passados, mas também pelos futuros.

Você admite isso livremente. É um camarada sociável. Não importa onde esteja a ação — você quer participar dela. Quem não gostaria de curtir com os melhores amigos no sábado à noite?

No entanto, nessa noite específica de sábado há um problema. Seus pais vão passar a noite fora da cidade, e você prometeu ficar em casa. Sozinho. Só você com você mesmo e o peixinho da família.

Mas, aí, o Drew telefona. O filme acabou, e os colegas estão à procura de um lugar para relaxar. Nada extravagante, apenas passar um tempo batendo papo, jogando alguma coisa, relaxando. Você sabe que devia dizer não. Deu sua palavra para seus pais. Mas Drew sabe ser persuasivo e sabe que seus pais estão fora. Antes de perceber, você convidou cinco caras para virem à sua casa.

"Bem", pensa você, "qual o problema? Vai ser divertido. Meus pais não vão perceber a diferença."

Claro, quando os rapazes chegam, não são cinco pessoas amontoadas nos carros, mas dez, e há também algumas garotas no grupo. Você tem um segundo pensamento, mas os deixa entrar de todo jeito.

E é divertido. Jake conta algumas piadas que fazem todos rirem e ficarem à vontade. Brandon faz sua imitação sempre divertida do diretor da escola. Então, Drew lhe faz um sinal de positivo. Você acaba de conseguir a melhor pontuação no medidor social dele.

Agora é sua vez de assumir o centro do palco. Começa a contar a história de sua escalada do monte Rainier no último verão, aquela em que seu parceiro escorregou, e você teve de puxá-lo de volta para a segurança. Você faz o suspense se intensificar. Estava chegando à parte boa da história. Consegue perceber que algumas das garotas estão se inclinando para a frente à espera de ouvir o que aconteceu.

"Isto", pensa você, "está se transformando em uma ótima festa."

E realmente é, quando algo acontece. Faróis na entrada da garagem. Portas de carro sendo batidas. A porta da frente foi aberta.

Seus pais chegaram em casa mais cedo.

Droga.

A vivacidade deles cai mais depressa que seu companheiro no monte Rainier. Seus pais dão olhares desapontados e dizem palavras raivosas. Mas qual é a pior parte? O riso abafado de Drew enquanto saía pela porta, sacudindo a cabeça. Sua pontuação tinha acabado de cair de dez para zero.

Estava ali. Todos nós estávamos. Cedo ou tarde, todos nós somos pegos no pulo. Isso continuará para sempre. Isso acontece desde quando Jesus andou pela terra.

A imagem de uma mulher na cama, seu sono interrompido por vozes.

— Levante-se, sua prostituta.

— Que tipo de mulher você pensa que é?

Os sacerdotes arrombaram a porta do quarto, abriram as cortinas e arrancaram as cobertas. Antes de sentir o calor do sol da manhã, ela sentiu a fúria do desprezo deles.

Cedo ou tarde, todos nós somos pegos no pulo.

— Que vergonha.

— Patético.

— Nojento.

Ela mal teve tempo de cobrir o corpo antes de conduzirem-na pelas ruas estreitas. Os cães latiram. Os galos fugiram. As mulheres saíram das janelas. As mães tiraram os filhos do caminho. Os mercadores espiaram das portas de suas lojas. Jerusalém tornou-se um júri e deu seu veredito com olhares penetrantes e braços cruzados.

A seguir, os homens, como se o ataque ao quarto e o desfile de vergonha fosse insuficientes, empurraram-na diante do mais santo juiz de todos.

— Mestre — disseram eles a Jesus —, esta mulher foi surpreendida em ato de adultério. Na Lei, Moisés nos ordena a apedrejar tais mulheres. E o Senhor, o que diz (João 8:2-5)?

Aí está de novo — pegos no pulo. Essas autoridades decorosas e pomposas tinham suas questões e convicções; ela usava sua fina camisola e batom manchado. A mulher não tinha saída. Negar a acusação? Ela fora surpreendida. Implorar pelo perdão? De quem? De Deus? Os porta-vozes dele estavam apertando pedras e rosnando por entre os dentes. Ninguém falaria por ela.

Mas alguém se inclinaria por ela.

"Jesus inclinou-se e começou a escrever no chão com o dedo" (v. 6). Esperaríamos que ele se erguesse, desse um passo à frente ou até mesmo subisse em uma escada e falasse. Mas, em vez disso, ele se inclinou. Ele desceu mais baixo do que qualquer outro — abaixo dos sacerdotes, do povo e até mesmo da mulher. Os acusadores olhavam-na de cima. Para ver Jesus, tiveram de olhar mais para baixo ainda.

Ele está propenso a se inclinar. Ele inclinou-se para lavar pés, abraçar crianças. Inclinou-se para tirar Pedro do mar, orar no jardim. Inclinou-se perante o pelourinho de Roma. Inclinou-se para carregara cruz. A graça é um Deus que se inclina. Aqui ele se inclinou para escrever na areia.

> A graça é um Deus que se inclina

Lembra-se da primeira ocasião em que os dedos de Deus tocaram o pó? Ele inclinou-se ao solo e formou Adão. Enquanto tocava o solo queimado pelo sol abaixo da mulher, talvez Jesus estivesse revivendo o momento da Criação, lembrando-se de onde viemos. Os humanos terrenos estão propensos a fazer coisas terrenas. Talvez Jesus escrevesse no solo em seu próprio benefício. Ou pelo dela? Para desviar os olhos escancarados da mulher seminua surpreendida que se inclinava no centro do círculo?

O bando estava cada vez mais impaciente com o silêncio e a inclinação de Jesus. "Visto que continuavam a interrogá-lo, ele se levantou" (v. 7).

Graça.

Ele se ergueu até os ombros ficarem retos e a cabeça elevada. Ergueu-se, não para pregar, pois suas palavras seriam poucas. Não por muito tempo, pois logo se inclinaria novamente. Não para instruir seus discípulos; não se dirigia a eles. Erguia-se em prol da mulher. Colocou-se entre ela e a multidão que queria linchá-la: "'Se algum de vocês estiver sem pecado, seja o primeiro a atirar pedra nela!' Inclinou-se novamente e continuou escrevendo no chão" (v. 7,8).

Os acusadores se calaram. As pedras caíram no chão. Jesus retornou aos seus rabiscos. "Os que o ouviram foram saindo, um de cada vez, começando pelos mais velhos. Jesus ficou só, com a mulher em pé diante dele" (v. 9).

SUA HISTÓRIA:

Com quem você é mais parecido, com a multidão com o dedo apontado ou com Jesus? Você é rápido em acusar ou rápido em defender?

....

Você, como essa mulher, já foi cercado por uma multidão acusadora? Como você se sentiu?

....

Jesus não tinha acabado. Ele se levantou uma última vez e perguntou à mulher: "Mulher, onde estão eles?" (v. 10).

Caramba, caramba, que pergunta — não só para ela, mas para nós. As vozes críticas também nos despertam.

— Você é estúpido.

— Será que você consegue ficar mais feio ainda?

— Você fracassou... de novo.

As vozes em nosso mundo que nos julgam e rotulam.

E as vozes em nossa mente! Quem é esse fiscal das regras que escreve um bilhete toda vez que tropeçamos? Que nos lembra de cada erro que cometemos? Ele nunca fica quieto?

Não, não fica mesmo calado; porque Satanás nunca fica quieto. O apóstolo João chamou-o de Acusador: "Foi lançado fora o acusador dos nossos irmãos, que os acusa diante do nosso Deus, dia e noite" (Apocalipse 12:10). Dia após dia, hora após hora, o Acusador segue a carreira de acusar, com o objetivo de: "matar, roubar e destruir" (João 10:10). Roubar sua paz, matar seus sonhos e destruir seu futuro.

> Quem é esse fiscal das regras que escreve um bilhete toda vez que tropeçamos?

O diabo convocou uma multidão de demônios persuasivos para ajudá-lo. Ele consegue pessoas para espalhar seu veneno. Os amigos desencavam seu passado: "Lembra-se daquela vez que você colou na prova?" Os pregadores proclamam toda culpa e nenhuma graça: "Você não está à altura do padrão de Deus". E os pais, ah, seus pais. Eles têm uma agência de viagens especializada em viagens de culpa. Eles tentam enviá-lo em uma dessas viagens todos os dias: "Por que você não amadurece?" "Será que você vai morrer se trabalhar com um pouco mais de afinco?" "Você podia ficar lindo. Quando vai perder um pouco de peso?"

SUA HISTÓRIA:

Quem o Acusador usa com mais frequência em sua vida? Os pais? Os professores? Os amigos? Você mesmo?

....

Insultos e humilhações. É assim que Satanás opera. Ele lembra-o de seus erros com tanta frequência quanto você deixa, fazendo-o marchar através das ruas da cidade e arrastando seu nome na lama. Ele empurra-o para o centro da multidão e anuncia seus pecados:

ESSA PESSOA FOI PEGA NO PULO PRATICANDO...

Crueldade. Estupidez. Desonestidade. Irresponsabilidade.

Mas ele não terá a última palavra. Jesus tem agido em seu favor.

Ele se inclinou. Inclinou-se o bastante a ponto de dormir em uma manjedoura, trabalhar em uma carpintaria e dormir em um barco de pesca. Inclinou-se o bastante a ponto de ficar ombro a ombro com bandidos e doentes. Inclinou-se o bastante a ponto de permitir que lhe cuspissem, batessem, pregassem e trespassassem. Inclinou-se. Inclinou-se o bastante a ponto de ser sepultado.

E, então, ele se ergueu. Da laje da morte. Erguido da tumba de José de Arimateia e bem diante da face de Satanás. Alto. Elevado. Ele ergueu-se para a mulher e silenciou seus acusadores e faz o mesmo por você. Ele se ergue.

Ele está na presença de Deus neste exato momento, "intercedendo por nós" (Romanos 8:34 MSG). Amadureça esta ideia por um momento. Na presença de Deus, em oposição a Satanás, Jesus Cristo ergue-se para defender você. Ele é o príncipe combatendo os ataques do dragão. É o Aragorn protegendo os hobbits com sua espada.

Jesus oferece um caminho diferente para seu futuro. Um caminho com uma consciência limpa. Um registro limpo. Um coração limpo. Livre de acusação. Livre de condenação. Não apenas por nossos erros passados, mas também pelos futuros.

Jesus derrota a culpa do demônio com palavras de graça.

"Como ele vive para sempre, ele sempre estará diante de Deus, lembrando-o de que pagou por nossos pecados com seu sangue" (Hebreus 7:25 — tradução livre). Cristo intercede por nós incessantemente.

Jesus triunfa sobre a culpa do diabo com palavras de graça.

> [Deus] deu-nos vida juntamente com Cristo, quando ainda estávamos mortos em transgressões pela graça vocês são salvos. Deus nos ressuscitou com Cristo e com ele nos fez assentar nos lugares celestiais em Cristo Jesus, para mostrar, nas eras que hão de vir, a incomparável riqueza de sua graça, demonstrada em sua bondade para conosco em Cristo Jesus (Efésios 2:5-7).

Este é o significado de *graça*: salvo por Deus, ressuscitado por Deus, assentado com Deus. Você ouve os insultos do demônio e acredita neles. *Estúpido. Preguiçoso. Aprendiz lento. Enganador. Sem persistência.* Não mais. Você é quem seu Criador diz que você é: *vivo espiritualmente. Conectado com Deus. Consciente de seu potencial. Um* outdoor *de misericórdia. Um filho honrado.* Esse é o "perdão poderoso que chamamos 'graça'" (Romanos 5:20, MSG).

Um jovem chamado Josh Phillips pode lhe falar sobre isso.

SE ALGUÉM CONHECESSE MEU VERDADEIRO EU

Por Josh Phillips, conforme relatou a Ann Swindell.

Ann, uma menina de uma de minhas aulas da escola de ensino médio, convidou-me para participar de um estudo bíblico com alguns de seus amigos em uma noite de quarta-feira. Algo em meu interior me disse para responder: "De jeito nenhum". Outra coisa me disse para tentar.

— O que vocês fazem ali? — murmurei.

— Jantamos e lemos a Bíblia. É legal, descontraído, mas falamos muito sobre Deus.

— Não sou muito adepto dessa "coisa de Deus" — disse indiferente. — Mas o jantar é de graça? — Pensei que não iria se custasse alguma coisa.

— É sim, é de graça — disse Ann dando uma risada. — A diversão também é de graça.

Ela estava certa. A comida era de graça e boa, e o estudo também foi divertido. Não imaginava que as pessoas pudessem rir tanto enquanto liam a Bíblia. Mas eles riam. Assim, além de ir à igreja também passei a frequentar o estudo bíblico pelo resto daquele ano. Sair com a Ann e seus amigos era melhor que tentar constantemente arrumar garotas. Sentia-me como se pela primeira vez tivesse um grupo de bons e verdadeiros amigos.

Mas tinha um problema que estava com medo de discutir. Quanto mais estudava a Bíblia com meus amigos da igreja, mais percebia como eu era mau. Descobri que Deus não queria que as pessoas tivessem relação sexual antes do casamento e, com certeza, eu desobedecera essa regra. E sabia que Deus não queria que as pessoas fossem cheias de si mesmas. Mais uma vez culpado, em especial no que diz respeito à luta greco-romana, esporte no qual me sobressaio.

Enquanto tentava ser uma pessoa melhor, minha vida ainda era uma grande confusão. "Se alguém conhecesse meu verdadeiro eu", pensava, "não iria me querer por perto."

— Ann, você é perfeita, bem como todo mundo da igreja — disse enquanto olhava para baixo. — Eu sou tão ruim.

Estava sentado ao lado de Ann durante a refeição do meio-dia em um acampamento cristão. Alguns meses antes das férias de verão, ela me estimulou a me inscrever para o retiro com duração de uma semana. E estava tendo um ótimo tempo, mas perto do meio da semana não aguentava mais. Então, abri meu coração. Imaginei que Ann estava para me dizer que eu não tinha nenhuma chance com Deus.

— Josh, você é culpado de pecado — disse ela suavemente.

"Sei disso, estou em apuros."

— Mas eu também sou — continuou ela.

— Você está brincando? — falei sem pensar. — Aposto que você nunca cometeu um pecado em sua vida.

Ann riu e, a seguir, disse:

— Apostou errado. Todos nós somos pecadores e estragamos tudo. Por isso, precisamos de Jesus. Ele é o único que não pecou e é o único que pode nos salvar de nossos pecados.

— Mas você não sabe todas as coisas ruins que tenho feito. Coisas que não quero falar, são coisas muito ruins. Sobretudo no que diz respeito às meninas.

Ann respondeu:

— Qual é o seu ponto? Jesus ainda ama você, não importa o que tenha feito. Ele pode salvá-lo se você crer nele.

Alguma coisa em meu interior se partiu e senti as lágrimas ardendo em meus olhos. Não chorei, mas foi o mais perto de chorar que cheguei desde que era pequenino.

— Ann — disse com voz trêmula —, quero que Jesus me salve.

Vários meses depois de me tornar cristão, estava de pé em um pódio com uma medalha de ouro pendurada em meu pescoço. Com a ajuda de Deus e muito treino, ganhei o campeonato estadual de luta greco-romana na minha categoria. Estava orgulhoso e feliz.

Mas isso sequer se compara com o prêmio que já tinha conquistado com a ajuda de Ann. Embora soubesse que estava longe de ser perfeito, não mais me sentia mal. Tinha o perdão e o amor de Jesus. E *essa*, eu sabia, era uma vitória verdadeira digna de ser comemorada.[1]

Josh Phillips substituiu a culpa pela graça. Quando a graça acontece, as acusações de Satanás estouram e caem como um balão sem ar. Então, diga, por que ainda as ouvimos? Por que nós, como cristãos, ainda sentimos culpa?

Talvez porque nem toda culpa é ruim. Deus usa doses apropriadas de culpa para nos despertar para o pecado. Sabemos que a culpa é dada por Deus quando causa "indignação... temor... saudade... preocupação...desejo de ver a justiça feita" (2Coríntios 7:10). A culpa de Deus traz pesar o suficiente para nos mudar. A culpa de Satanás traz pesar o suficiente para nos escravizar. Não deixe que ele o prenda em correntes. Lembre-se, quando Deus olha para você, ele vê primeiro Jesus. O assunto se resume a esta escolha: você confia em seu Advogado ou em seu Acusador?

Sua resposta tem sérias implicações. Teve para Jean Valjean. Victor Hugo nos apresentou esse personagem em seu romance *Os miseráveis*. Valjean entra nas páginas do romance como um vagabundo, um prisioneiro recém-libertado vestindo calças esfarrapadas e uma jaqueta surrada. Dezenove anos em uma prisão francesa o deixaram rude e destemido. Ele caminhou durante quatro dias no frio dos Alpes franceses do século XIX só para descobrir que nenhuma pousada o aceitaria, nenhuma taverna o alimentaria. Finalmente, ele bate à porta da casa do bispo.

O monsenhor Myriel tem 75 anos. Como Valjean, também perdera muito. A revolução levara todos os bens valiosos de sua família, exceto a prataria, uma concha de sopa e dois castiçais. Valjean conta sua história, esperando que o religioso o mande embora. Mas o bispo é gentil. Pede ao visitante que se sente perto do fogo.

—Você não precisa me contar quem você era — ele explica.— Essa não é minha casa, é a casa de Jesus Cristo.[2]

Depois de algum tempo, o bispo leva o ex-condenado à mesa, em que jantam sopa e pão, figos e queijo com vinho, usando a fina prataria do bispo. Ele mostra o quarto a Valjean. Apesar do conforto, o ex-prisioneiro não consegue dormir. E mesmo com a bondade do bispo, ele não consegue resistir à tentação. Coloca a prataria na sacola. Monsenhor Myriel dorme no momento do roubo e Valjean foge durante a noite.

Mas ele não consegue ir muito longe. Os policiais o capturam e o conduzem à casa do bispo. Valjean sabe o que significa a captura— prisão para o resto da vida. Porém, algo maravilhoso acontece. Antes de o policial poder explicar o crime, o monsenhor se adianta:

— Oh, aqui está você! Estou contente em vê-lo. Não acredito que tenha esquecido os castiçais. Eles também são feitos de prata pura... Leve-os com os garfos e as colheres que dei a você.

Valjean fica atônito. O bispo dispensa os policiais, vira-se e diz:

> Deus nunca, nunca, nunca nos decepciona se temos fé e confiamos nele.
>
> — Madre Teresa

— Jean Valjean, meu irmão, você não mais pertence ao mal; mas, sim, ao bem. Comprei sua alma de você. Tomo-a de volta dos pensamentos e feitos malignos e do espírito do inferno e dou-a a Deus.[3]

Valjean tinha uma escolha: acreditar no sacerdote ou acreditar em seu passado. Jean acredita no sacerdote. Torna-se prefeito de uma cidadezinha. Constrói uma fábrica e dá emprego aos pobres. Fica com pena de uma mãe moribunda e cria a filha dela.

A graça transformou-o. Deixa-a transformá-lo. Rejeite a voz de Satanás. Você "tem [...] um intercessor junto ao Pai, Jesus Cristo, o Justo" (1João 2:1). Ele, como seu intercessor, seu advogado, defende-o e fala a seu favor: "Agora já não há condenação para os que estão em Cristo Jesus" (Romanos 8:1). Segura essa, Satanás!

Não foi essa a mensagem de Jesus para a mulher?

> "Mulher, onde estão eles? Ninguém a condenou?"
> "Ninguém, Senhor", disse ela. Declarou Jesus:
> "Eu também não a condeno. Agora vá e abandone sua vida de pecado" (João 8:10,11).

Em poucos minutos o pátio ficou vazio. Jesus, a mulher e os críticos dela — todos saíram. Mas fiquemos ali um pouquinho mais. E olhemos a escrita na areia. É o único sermão que Jesus já escreveu. Embora não saibamos as palavras, pergunto-me se elas eram estas:

A graça acontece aqui.

3

O MELHOR NEGÓCIO QUE VOCÊ PODE FAZER

Não apreciamos o que a graça faz até que compreendemos quem somos. Somos rebeldes. Somos Barrabás. Como ele, merecemos morrer.

A cela de Barrabás tem apenas uma janela quadrada mais ou menos do tamanho de um rosto. Barrabás olhou através dela uma vez, e só uma vez. Quando viu a colina da execução, ele abaixou-se no chão, encostou-se na parede e puxou os joelhos dobrados até o peito. Isso aconteceu uma hora atrás. Ele não se moveu desde aquele momento.

Ele não falou nada desde esse momento.

Estranho vindo dele. Barrabás era um homem de muitas palavras. Quando os guardas vieram transferi-lo de alojamento ao nascer do sol, ele disse, orgulhoso, que seria um homem livre antes do meio-dia. Ao ser levado à cela, rogou pragas aos soldados e zombou do César deles.

Mas desde que tinha chegado, ele não emitiu nenhum som. Por uma coisa, não havia ninguém com quem falar. Nada a dizer para outra pessoa. Pois com toda sua conversa corajosa, ele sabia que seria crucificado ao meio-dia e estaria morto ao pôr do sol. O que havia para dizer? Ele não tinha baús de tesouro, não tinha terras férteis nem amigos em altas posições. Ele não tinha nada para trocar por sua vida. Ele sabia o que o aguardava.

A alguns metros de distância de sua pequena cela, havia um agrupamento não tão pequeno de homens murmurando em desaprovação. Líderes religiosos em sua maioria. Um grupo com mantos e rostos barbados e austeros. Cansados e raivosos. Nos degraus acima deles estava um romano refinado e um galileu sujo. O primeiro homem gesticulava para o segundo e apelava para a multidão.

> "Vocês me trouxeram este homem como alguém que estava incitando o povo à rebelião. Eu o examinei na presença de vocês e não achei nenhuma base para as acusações que fazem contra ele. Nem Herodes, pois ele o mandou de volta para nós. Como podem ver, ele nada fez que mereça a morte. Portanto, eu o castigarei e depois o soltarei". [...]
>
> A uma só voz eles gritaram: "Acaba com ele! Solta-nos Barrabás!" (Barrabás havia sido lançado na prisão por causa de uma insurreição na cidade e por assassinato.) (Lucas 23:14-19).

Essa última sentença explica Barrabás: rebelde e assassino. Raiva no coração e sangue nas mãos. Desafiador. Violento. Desordeiro. Homicida. Ele é culpado e orgulha-se disso. Espera-se que Pôncio Pilatos, o governador romano, trate esse homem com graça? A multidão acha que sim. Além disso, eles querem que Pilatos execute Jesus no lugar dele. Jesus, o homem que Pilatos declarou que "nada fez que mereça a morte".

Pilatos não é amigo de Jesus. O galileu não significa nada para ele. Se Jesus é culpado, deixe-o pagar por seu crime. O governador está disposto a crucificar um homem culpado. Mas um inocente?

"NÃO FIZ ISSO"

Você já foi acusado de alguma coisa que não fez? Que tal ser jogado na cadeia por isso?

Cody Webb foi.

Em março de 2007, Cody estava no segundo ano da Hempfield Area High School, na Pensilvânia. O rapaz de 15 anos era um aluno de honra que nunca ficara detido um minuto depois da aula. Mas seu relatório de bom aluno levou um sério golpe quando os policiais se aproximaram da escola, algemaram Cody na frente de um ônibus cheio de estudantes e o levaram. Cody passou 12 dias preso em um centro de detenção juvenil.

Qual foi o crime de Cody? Ele telefonou para a linha direta da escola durante a noite para saber se haveria um atraso relacionado com o tempo do dia seguinte. A polícia e os funcionários da escola disseram que o telefonema foi uma ameaça de bomba. Cody disse que era inocente.

Muitos dias depois, a confusão foi esclarecida quando alguém descobriu que o dispositivo de gravação da hora dos telefonemas para a escola não tinha sido mudado para o horário de verão. De acordo com os registros do telefone celular e o horário da escola ajustado, o telefonema de Cody tinha sido na verdade mais de uma hora antes do telefonema da bomba.

Cody nunca voltou atrás durante sua experiência traumática.

— Não ia admitir que fiz algo que não fiz — disse ele. — Eu e Deus sabíamos que eu não tinha feito aquilo.[1]

Inocente. Acusado. Preso. Punido e desprezado por um crime que ele não cometeu.

Jesus entende isso.

De volta a Jerusalém, Pilatos tem que decidir o que fazer com esse Jesus. Ele sabe que o homem não merece morrer. Talvez uma repreensão, até mesmo açoitamento. Mas não a cruz. Pilatos faz pelo menos quatro tentativas para soltar Jesus. Ele diz aos judeus para resolverem o assunto (João 18:28-31). Ele encaminha a questão para Herodes (Lucas 23:4-7). Pilatos tenta convencer os judeus a aceitar Jesus como o prisioneiro libertado na Páscoa (Marcos 15:6-10). Ele oferece uma solução conciliatória: açoitamento, em vez de execução (Lucas 23:22). Faz tudo que pode para libertar Jesus. Por quê? "Não acho nele motivo algum de acusação" (João 18:38).

O governador, com essas palavras, põe-se involuntariamente no lugar do mestre espiritual. Ele afirma primeiro o que Paulo registraria depois: Jesus "não tinha pecado" (2Coríntios 5:21). De mesma graduação que o andar sobre a água, o ressuscitar do morto e a cura de doenças realizadas por Jesus é esta verdade imensurável: ele nunca pecou. Não é que Jesus não pudesse pecar, mas que ele não pecou. Ele poderia ter partido o pão com o diabo no deserto ou desertar de seu Pai no Getsêmani. "[Ele] passou por todo tipo de tentação, porém, sem pecado" (Hebreus 4:15).

Jesus era o modelo de um ser humano conforme o plano da criação de Deus. Sempre honesto entre hipócritas. Incessantemente bom em um mundo cruel. Focado no céu a despeito das incontáveis distrações. Não é apenas que Jesus passou em todos os testes. Ele fez uma pontuação perfeita em todos eles.

> Jesus era o modelo de um ser humano conforme o plano da criação de Deus.

Você consegue imaginar uma vida assim? Pode dizer o mesmo a respeito da sua vida? Nenhum erro? Nunca um comentário rude? Nenhuma marca vermelha em seus testes? Não posso dizer isso. Nem um aluno do ensino médio chamado Steve Farrar poderia dizer isso.

A família de Steve se mudou para uma cidade nova quando ele estava iniciando o segundo ano no ensino médio. Ele não conhecia ninguém nessa escola nova. Steve imaginou que praticar um esporte seria uma ótima maneira de fazer amigos. Ele conseguiria conhecer mais colegas em três dias jogando bola do que conheceria em três meses de aulas.

Steve era um bom jogador de basquete e queria tentar entrar para o time principal da escola. Mas ele cometeu erros. Seu boletim tinha uma nota ruim. Ele tirou um D em uma matéria. Isso foi culpa dele mesmo. Ele foi preguiçoso e não entregou todos seus trabalhos no prazo. Foi uma breve rebelião de adolescente, mas agora ele tinha de pagar o preço.

Felizmente para Steve, as regras da escola permitiam ao aluno praticar esportes se tivesse apenas uma nota D. Infelizmente para Steve, seu pai tinha suas próprias regras para essa qualificação. Se um de seus filhos tirasse uma nota abaixo de C não podia jogar bola. Simples. E era tão inflexível quanto um placar final.

Não era que o pai de Steve não o quisesse na quadra. Ele era totalmente favorável à prática de esportes. Ele, no ensino médio, tinha representado o estado tanto no basquete quanto no futebol americano, foi para a faculdade com bolsa de estudos por causa do basquete e recebeu até mesmo um convite para ser contratado para jogar futebol americano pela Pittsburgh Steelers. Ele entendia como os esportes podiam ser excelentes. Mas esse pai preferia desenvolver o caráter de Steve em detrimento de seus arremessos espetaculares no basquete. Steve sabia que sua pequena revolta acadêmica ficara aquém dos padrões de seu pai. Ele tinha um pai que prestava atenção a essas coisas. E nós também prestamos atenção a essas coisas.

Não é que Deus não queira que gozemos a vida. Ele é totalmente favorável a isso. Mas quando decidimos que estamos no comando, ele não deixa isso passar em brancas nuvens. Há consequências. Ele nos deixa enfrentar o infortúnio que acompanha nossos erros. Ele prefere que aprendamos a seguir seu plano maravilhoso, em vez de nos debatermos com nosso próprio plano.

SUA HISTÓRIA:

Como você se sente a respeito dos desempenhos ruins em sua vida? Culpa? Ou acha que não são tão ruins quanto os de algumas pessoas, então isso não é um grande problema?

....

Como acha que Deus se sente em relação a seu desempenho?

....

De volta à escola, Steve Farrar estava captando a mensagem. Ele passou a trabalhar com mais afinco na aula e teve permissão para pelo menos enterrar algumas bolas na cesta durante a aula de educação física. Um dia, o treinador de basquete do time principal assistiu à aula. Quanto mais vezes Steve marcava pontos com suas cestas, mais o treinador ficava entusiasmado. Seu futuro, de repente, estava em foco. Vitórias. Campeonatos. Comerciais de TV. Depois da aula, o treinador perguntou a Steve por que ele não tentava entrar no time principal. Steve explicou sobre sua nota ruim e a regra do pai, mas disse que tentaria isso no ano seguinte.

O treinador era um cara grande e vigoroso. Ele estava acostumado a fazer as coisas do seu jeito.

— Qual é o número do seu telefone? — perguntou o treinador. — Vou telefonar para o seu pai.

— Dou o número do telefone com todo prazer — disse Steve —, mas você vai perder seu tempo.

Na manhã seguinte, o treinador abordou Steve no vestiário.

— Falei com seu pai ontem à tarde, mas ele não mudou de opinião. Expliquei a regra de qualificação da escola, mas ele não mudou de ideia. Não tenho muito respeito por seu pai.

Steve não conseguia acreditar no que estava ouvindo. Esse treinador não respeitava seu pai? Até mesmo Steve tinha bastante juízo para saber que o pai estava fazendo a coisa certa.

— Treinador — disse Steve —, digo-lhe que respeito muitíssimo meu pai. E também quero que saiba que jamais jogarei basquete para você.

Steve nunca jogou. Ele aumentou suas notas, mas nunca tentou entrar no time principal de basquete. Ele não podia jogar para um homem que não respeitava os padrões de um pai amoroso.[2]

Será que, de alguma maneira, não somos parecidos com esse treinador de basquete? Não nos incomodamos em deixar Deus escolher os jogadores e esboçar as jogadas durante um tempo, mas, quando alguma coisa "melhor" chama nossa atenção — o amigo na multidão; o filme criativo, mas grosseiro; aquela garota ou garoto fofo —, pegamos o apito e a prancheta. Fazemos nossas próprias regras.

> Você e eu somos rebeldes de primeira ordem, incorrigíveis.

O problema é que, ao contrário de Jesus, não somos sem defeitos. Somos cheios de defeitos. E bem perto do topo deles está nosso desejo de estar no controle das coisas. Queremos as coisas do nosso jeito. Mesmo quando tentamos fazer o certo, cedo ou tarde, terminamos estragando tudo de novo. Escapa um insulto aqui. Uma promessa é arquivada ali. Um relacionamento é quebrado. Repetimos em uma matéria. Deus é deixado para trás, esquecido mais depressa que a lição de casa de ontem.

Onde isso nos leva? Presos na mesma cela com Barrabás. Somos como ele. *Somos* ele. Pecadores. Rebeldes. Assassinos.

Estou exagerando o caso? Acho que não. Não interessa se não matamos alguém no sentido literal. O ponto é que nos rebelamos contra Deus. Gritamos:

— Deus, não quero que o Senhor seja o meu Rei! Quero um reino sem rei! Melhor ainda, um reino no qual *eu* seja o rei!

Preparamos uma revolução.

Atacamos o castelo de Deus, pomos sua coroa em nossa cabeça e nos sentamos em seu trono. Bradamos:

— Quero dirigir minha própria vida, muito obrigado!

Dizemos para Deus sair, ir embora e não voltar a nos importunar. Você e eu somos rebeldes de primeira ordem, incorrigíveis. Bem como o é toda pessoa que respira.

UM REBELDE CHAMADO ROBERT

Por dr. James Dobson

Robert era um rebelde. Ele também tinha dez anos. Governava por meio de chantagem. Se ele e a mãe estavam em público, e ela ousasse dizer não a alguma coisa que Robert quisesse, ele ameaçava tirar a roupa. A mãe, com medo de provocar uma cena, sempre cedia.

Robert, graças a essa ameaça, estivera no comando durante sua vida toda. Então, ele conheceu alguém a sua altura — um dentista idoso e sábio.

Em sua consulta, foi pedido a Robert que se sentasse na cadeira de paciente. Ele se recusou a fazer isso, dizendo que tiraria a roupa se o dentista o obrigasse a se sentar ali. Afinal, isso sempre tinha funcionado antes.

— Filho — disse o dentista —, tire a roupa.

Robert fez exatamente isso. Depois, ele se sentou nu na cadeira e cooperou no resto da consulta. Quando as cavidades foram furadas e preenchidas, Robert disse:

— Pode me dar minhas roupas de volta agora.

— Desculpe — disse o dentista. — Diga a sua mãe que ficaremos com suas roupas esta noite.

Um embaraçado Robert não usando nem mesmo um chapéu foi forçado a atravessar a sala de espera cheia de pacientes rindo.

No dia seguinte, a mãe de Robert foi pegar as roupas — e agradeceu ao dentista.

— O senhor foi a primeira pessoa a topar o blefe dele, doutor — disse ela. — O impacto sobre o Robert foi incrível![3]

Robert esperara governar a vida inteira, mas sua ditadura morreu na cadeira do dentista. Ele não ficou com nada — de muitas maneiras, e não apenas nessa experiência. Essa é uma lição que todos os supostos rebeldes devem ter em mente, algo para que sempre se lembrem.

Como Robert, somos todos rebeldes. A Bíblia diz isso em linguagem clara: "Todos nós, tal qual ovelhas, nos desviamos, cada um de nós se voltou para o seu próprio caminho" (Isaías 53:6). Sua maneira pode ser ignorar o dever de casa, meu modo pode ser ignorar outra pessoa, o jeito de outra pessoa pode ser se vangloriar, fofocar ou beber, mas toda pessoa tenta seguir seu caminho sem Deus. Não é que alguns de nós nos rebelamos. Todos nós nos rebelamos. "Não há nenhum justo, nem um sequer; não há ninguém que entenda, ninguém que busque a Deus. Todos se desviaram, tornaram-se juntamente inúteis; não há ninguém que faça o bem, não há nem um sequer" (Romanos 3:10-12).

Essa não é a notícia que queremos ouvir. Esse é um texto que, antes, apagamos de nossa memória. Mas é verdade. Para conseguir a coisa boa — a graça — primeiro temos de aceitar que estamos mergulhados nessa coisa ruim chamada pecado.

Só apreciamos o que a graça faz quando entendemos quem somos. Somos rebeldes. Somos Barrabás. Como ele, merecemos morrer. Quatro paredes de prisão — adensadas pelo medo, sofrimento e ódio — nos cercam. Estamos na cadeia por causa do nosso passado, nossas escolhas enganosas e nosso orgulho arrogante. Fomos considerados culpados. E não temos nada para oferecer em troca de nossa vida.

Sentamos no chão empoeirado da cela à espera do momento final. Os passos do nosso algoz ecoam contra as paredes de pedra. Com a cabeça enfiada entre as pernas, não olhamos para cima quando ele abre a porta; não levantamos os olhos quando ele começa a falar. Sabemos o que ele dirá.

— Está na hora de pagar.

Mas ouvimos outra coisa.

— Você está livre para ir. Eles escolheram Jesus, em vez de você.

A porta aberta oscila, o guarda fala alto:

— Saia.

> Jesus tomou nossa punição e Deus nos deu crédito pela perfeição de Jesus.

E assim nos vemos sem algemas na luz do sol matinal, com nossos crimes perdoados, perguntando-nos: "O que acaba de acontecer?"

A graça aconteceu.

Cristo retirou seus pecados. Para onde ele os levou? Para o alto do monte Calvário, onde ele suportou não apenas os cravos dos romanos, a zombaria da multidão e a lança do soldado, mas também a ira de Deus.

Encha seu coração com essa verdade, o mais excelente resumo da maior realização de Deus:

> Sendo justificados gratuitamente por sua [de Deus] graça, por meio da redenção que há em Cristo Jesus. Deus o ofereceu como sacrifício para propiciação mediante a fé, pelo seu sangue, demonstrando a sua justiça. Em sua tolerância, havia deixado impunes os pecados anteriormente cometidos (Romanos 3:24,25).

Deus não deixou nossos pecados passarem em brancas nuvens; não os endossará. Ele não nos puniu; não nos destruirá. Ao contrário, ele encontrou uma maneira de punir o pecado e de preservar o pecador. Jesus tomou nossa punição, e Deus nos deu crédito pela perfeição de Jesus.

Foi o melhor negócio que você já fez.

Não somos informados como o primeiro Barrabás reagiu à dádiva da liberdade. Talvez ele a tenha desprezado por orgulho ou a recusado por vergonha. Não sabemos. Mas você pode decidir o que fazer com a sua liberdade. Personalize-a.

Enquanto a cruz é a dádiva de Deus para o mundo, ela o tocará, mas não o transformará. Por mais satisfatório que seja gritar:

— Cristo morreu pelo mundo!

É ainda mais doce sussurrar:

— Cristo morreu por *mim*!

— Ele morreu pelos *meus* pecados.

— Ele tomou *meu* lugar na cruz.

— Ele carregou *meus* pecados, *meu* coração frio e cruel.

— Por intermédio da cruz, ele reivindicou-*me*, limpou-*me* e chamou-*me*.

— Ele sentiu *minha* vergonha e falou *meu* nome.

Seja o Barrabás que diz:

— Obrigado.

Agradeça a Deus pelo dia em que a graça aconteceu para você. Agradeça a Jesus por dar a vida dele pela sua — o melhor negócio que você já fez e fará.

4

A GRAÇA É TUDO DE QUE PRECISAMOS

A graça de Deus não é uma chuva gentil eliminando o problema. É um rio caudaloso e estrondoso cuja correnteza o derruba e o carrega até a presença de Deus.

Heather Sample suspeitou que a situação era grave no momento em que viu o corte na mão do pai. Os dois tinham se sentado para um almoço rápido entre procedimentos cirúrgicos. Heather descobriu a ferida e lhe perguntou a respeito dela. Quando Kyle explicou que o ferimento acontecera durante uma cirurgia, ela, de repente, sentiu um nó no estômago.

Os dois eram médicos. Os dois entendiam os perigos envolvidos em tratar de pacientes com AIDS no Zimbábue. O vírus podia se espalhar através do contato com o sangue do paciente. Ele destruía o sistema imunológico. Era incurável.

E agora um deles tinha sido exposto ao vírus.

Kyle Sheets era um veterano com 12 anos de viagens em missões médicas. Conheci Kyle quando eu estava na faculdade. Ele se casou com uma bela garota chamada Bernita e se estabeleceu em uma cidadezinha do Texas para constituir uma família e tratar dos necessitados. No final das contas, construíram uma família que trata dos necessitados. Dez filhos no total. Cada um deles envolvido em ações humanitárias. Como fundador e presidente da Physicians Aiding Physicians Abroad [Médicos Ajudando Médicos no Exterior], Kyle, durante suas missões, passava muitas semanas por ano trabalhando em hospitais de países em desenvolvimento. Essa viagem ao Zimbábue não era a primeira. A exposição ao vírus da AIDS era.

Heather encorajou seu pai a começar imediatamente o tratamento antirretroviral para evitar a infecção por HIV. Kyle estava relutante. Ele conhecia os efeitos colaterais. Cada um deles era uma ameaça à vida. Mesmo assim, Heather insistiu e ele consentiu. Em poucas horas ele estava extremamente doente.

Náusea, febre e fraqueza eram apenas os sintomas iniciais de que algo estava muito errado. Por dez dias Kyle continuou a piorar. Então, surgiram nele erupções cutâneas inconfundíveis da síndrome de Stevens-Johnson, que quase sempre são fatais. Eles mudaram o momento da partida dele quando começaram a imaginar se ele sobreviveria à viagem de 44 horas, que incluía uma parada de 12 horas na África do Sul e 17 horas de voo para Atlanta.

Kyle embarcou no avião com quarenta graus de febre. Ele tremia com os calafrios. A essa altura, ele estava tendo problema para respirar e não conseguia nem se sentar. Desconexo e incoerente. Olhos amarelados. Fígado aumentado e dolorido. Ambos os médicos reconheciam os sintomas de falha aguda do fígado. Heather sentia todo o peso da vida de seu pai sobre seus ombros.

Heather sentia todo o peso da vida de seu pai sobre seus ombros.

Heather explicou a situação para os pilotos e convenceu-os que a melhor esperança para o pai era o voo mais rápido possível para os Estados Unidos. Ela, tendo apenas o estetoscópio e um frasco de remédio para o coração, sentou-se ao lado dele e se perguntava como estenderia o corpo dele no corredor para fazer reanimação cardiopulmonar se seu coração parasse.

Passaram-se vários minutos de voo, Kyle adormeceu. Heather passou lentamente sobre ele e chegou ao banheiro a tempo de vomitar a água que acabara de beber. Ela desmoronou no chão em posição fetal, chorou e orou: "Preciso de ajuda."

SUA HISTÓRIA:

Para onde ou para quem você se volta quando está com problemas?

....

Com o que você mais precisa de ajuda neste momento? Conversou com Deus sobre isso?

....

Heather não se lembra por quanto tempo orou, mas foi o bastante para que um passageiro preocupado batesse à porta. Ela abriu, e pôde ver quatro homens parados na copa. Um deles perguntou se ela estava bem. Heather assegurou que estava bem e disse a ele que era médica. O rosto dele iluminou-se quando explicou que ele e os amigos também eram médicos. "Assim como os outros 96 passageiros!", disse ele.

O avião poderia estar cheio de conferencistas ligados a malabarismos circenses. Ou tatuadores. Quem sabe árbitros profissionais. Mas não, "aconteceu" de Heather e o pai estarem em um voo com cem médicos do México.

Heather explicou a situação e pediu a ajuda e a oração dos médicos. Eles a ajudaram e oraram por ela e pelo pai. Eles alertaram um colega que era um infectologista de primeira linha. Juntos, eles avaliaram o estado de Kyle e concordaram que nada mais podia ser feito.

Eles se ofereceram para tomar conta dele, assim, Heather poderia descansar. Ela descansou. Quando ela acordou, Kyle estava de pé e conversando com um dos médicos. Ele, embora ainda estivesse doente, do tipo que precisa de um atendimento de emergência, estava muito mais forte. Heather começou a ver a mão de Deus em ação. O Senhor os tinha posto exatamente no avião certo com exatamente as pessoas certas. Deus, com graça, satisfizera a necessidade deles.

Ele também satisfará as suas. Talvez sua jornada seja difícil. Você é Heather naquele voo, observando a luta de um ente querido. Ou você é Kyle Sheets, sentindo a fúria da doença e da morte em seu corpo. Talvez você esteja desapontando um amigo ou falhando em sua vida de estudante. Está tão oprimido que acha que não aguenta enfrentar tudo isso nem mais um dia.

Você se sente fraco, está com medo, mas não está sozinho. As palavras de "Amazing Grace" são suas. Embora essas palavras tenham sido escritas no século XVIII, elas trazem esperança da mesma maneira como o alvorecer de hoje. "Essa graça me trouxe seguro até aqui, e a graça me levará para

Você se sente fraco, está com medo, mas não está sozinho.

casa".[1] Você tem o Espírito do Senhor em você. Os exércitos celestiais estão acima de você. Jesus Cristo levanta-se para defender você. A graça superpoderosa de Deus está aí para fortalecê-lo e fazê-lo persistir.

A vida de Paulo revelou essa verdade. Ele escreveu:

> Foi-me dado um espinho na carne, um mensageiro de Satanás, para me atormentar. Três vezes roguei ao Senhor que o tirasse de mim. Mas ele me disse: "Minha graça é suficiente para você, pois o meu poder se aperfeiçoa na fraqueza." (2Coríntios 12:7-9)

Um espinho na carne. Que imagem nítida. A ponta afiada de um espinho rompe a pele macia de vida e se aloja sob a superfície. Cada passo é um lembrete do espinho na carne.

A doença no corpo.

A tristeza no coração.

A irmã no centro de reabilitação.

O pai se mudando.

A nota D no boletim.

O desejo de pertencer à turma dos legais.

As lágrimas no meio da noite.

O espinho na carne.

— Tire isso — pede você.

Não uma, nem duas vezes... na verdade, nem mesmo três vezes. Você orou mais que Paulo. Ele orou como se participasse de uma corrida de curta distância, mas você orou como se participasse da maratona de Boston; e está prestes a entrar em colapso por causa do esgotamento físico depois de trinta quilômetros. Essa ferida dói, e você não vê nenhum sinal de alguma pinça vindo do céu para ajudá-lo. Mas ouve isto: "Minha graça é suficiente para você".

A grande graça de Deus anula tudo o mais na paisagem. Ela não é insignificante, mas abundante e fantástica. Não é diminuta, mas torrencial. Não é ínfima, mas majestosa. Ela nos satisfaz agora mesmo, em nosso ponto de necessidade e nos provê com coragem, sabedoria e força. Ela nos surpreende em nosso pior momento com baldes transbordantes de fé. A graça de Deus não é uma chuva gentil eliminando o problema. É um rio caudaloso e estrondoso cuja correnteza o derruba e o carrega até a presença de Deus.

> A maravilhosa graça de Deus anula tudo o mais na paisagem.

Kim Meeder foi carregada nessa correnteza exatamente quando mais precisava.

ELE NUNCA DESISTE

Por Kim Meeder

Tinha nove anos quando o inconcebível aconteceu. O divórcio estava dilacerando nossa família. Atormentado, meu pai buscou ajuda de aconselhamento profissional e medicação. Tragicamente, ele não encontrou a ajuda da qual precisava desesperadamente.

Um dia, um amigo do meu pai pegou minhas irmãs e eu na escola e nos levou para a casa de nossos avós. Ninguém falava. Durante aquela viagem de carro, soube que acontecera alguma catástrofe. Na casa de meus avós, uma mulher aflita tentou me confortar em seus braços. Ela ficava repetindo:

— Sinto muito. Sinto muito. Sinto tanto, tanto.

Finalmente, ela deixou escapar:

— Seu pai acabou de matar sua mãe e se matou.

Meu primeiro pensamento foi que ela era uma grande mentirosa. Ela *tinha* de ser uma mentirosa porque o que ela dissera simplesmente não podia ser verdade.

Eu saí e corri para a porta de trás da casa. Corri... e corri tanto no pequeno jardim até cair, de rosto voltado para a terra poeirenta e seca. Ouvi gritos e percebi que eram meus.

— Jesus, ajude-me — gritei —, ajude-me.

E, naquele momento, ele me ajudou.

Não sabia realmente quem era Jesus. Só tinha ido algumas vezes à igreja na minha vida. Contudo, naquele momento de desespero, de alguma maneira, sabia que ele era a única direção segura para a qual me voltar e que, se não fizesse isso, morreria.

O que entendo hoje é como naquele dia terrível o Senhor de toda a criação veio e se ajoelhou na poeira ao lado de uma criança despedaçada. Ele se abaixou e pegou a mãozinha que se levantava para ele... e nunca a largou.

Só por meio de sua graça comecei a juntar os pedaços de minha vida dilacerada. Minhas irmãs e eu nos mudamos para a casa de meus avós e começamos a frequentar a igreja. Nos anos seguintes, aprendi que Jesus era meu Redentor e meu abrigo. A despeito da dor e do desespero que enfrentei, sempre encontro conforto nele.[2]

Deus é misericordioso conosco — e muito mais. A graça vai além da misericórdia. A misericórdia deu ao filho pródigo uma segunda chance; a graça deu a ele uma festa. A misericórdia fez com que o samaritano cuidasse dos ferimentos da vítima; a graça fez com que ele deixasse o cartão de crédito como pagamento pelos cuidados da vítima. A misericórdia perdoou o ladrão da cruz; a graça escoltou-o para o céu. A misericórdia nos perdoa. A graça nos capacita. E, de acordo com Paulo, a graça de Deus é tudo de que precisamos para enfrentar cada desafio de nossa vida.

Tudo que precisamos. Soa bom demais para ser verdade, não é mesmo? Não tememos secretamente que sua graça acabe quando mais precisamos dela? Como quando estamos morrendo de fome, e a moça da lanchonete dá o último pedaço de pizza para o camarada na nossa frente na fila. Como quando estamos on-line tentando pedir entradas para o concerto a que estamos morrendo de vontade de assistir, e a tela estampa em letras garrafais a palavra esgotado.

A graça de Deus pode se esgotar?

Mergulhe uma esponja no lago. Você absorveu todas as gotas? Respire fundo. Você sugou o oxigênio da atmosfera? Arranque uma folha pontiaguda de pinheiro de uma árvore em uma floresta. Você destruiu a folhagem da floresta? Observe uma onda quebrar contra a praia. Nunca haverá outra onda?

Claro que haverá. Mal uma onda se quebra na areia, e já outra aparece. Depois outra, e mais outra. Essa é uma imagem da graça infinita de Deus. A *graça* é simplesmente outra palavra para seu reservatório excepcional e estrondoso de força e proteção. Ela não vem a nós em doses ocasionais, mas em torrentes titânicas, onda após onda. Mal recuperamos o equilíbrio de um vagalhão e, a seguir, *bam*, aí vem outro.

"Graça sobre graça" (João 1:16). Ousamos investir nossa esperança na notícia mais alegre de todas: se Deus permite o desafio, ele proverá a graça para que enfrentemos a situação.

Nunca exaurimos seu suprimento. "Pare de pedir tanto! Minha reserva de graça está acabando." O céu não conhece essas palavras. Deus tem graça suficiente para resolver todos os dilemas que você enfrenta, secar suas lágrimas e responder todas as perguntas que você faz.

Você esperaria menos de Deus? Enviar o próprio Filho para morrer por nós e não enviar seu poder para nos sustentar? Paulo achava impossível essa lógica. "Aquele que não poupou seu próprio Filho, mas o entregou por todos nós, como não nos dará juntamente com ele, e de graça, todas as coisas?" (Romanos 8:32).

> A graça é simplesmente outra palavra para seu reservatório excepcional e estrondoso de força e proteção.

Leve todas suas preocupações para o homem na cruz, incita Paulo. Fique à sombra do Filho de Deus crucificado. Agora, apresente suas perguntas. *Jesus está ao meu lado?* Veja a ferida nele. *Ele ficará comigo?* Tendo dado a dádiva suprema e mais preciosa, "como não nos dará [...] todas as coisas?" (Romanos 8:32).

Deixe a graça de Deus afogar seus temores. Com certeza, ainda haverá ansiedade. Namoro. Drogas. Doenças. Divórcio. Pressão dos pais, dos professores e dos amigos. Os problemas estão presentes em seu mundo. Mas eles não controlam sua vida! A graça a controla. Deus cerca você com uma frota de anjos para satisfazer suas necessidades conforme o caminho e o momento certo do Senhor.

Meu amigo Kyle, com a ajuda daqueles cem médicos, sobreviveu ao voo para os Estados Unidos e se recuperou da reação. Os exames mostraram que não havia nenhum traço de HIV nele. Ele e Heather retomaram suas práticas com convicção renovada da proteção de Deus. Quando perguntei a Kyle sobre a experiência, ele refletiu que, em três ocasiões distintas de sua vida, ouviu um atendente da empresa aérea perguntar: "Há algum médico a bordo?"

Kyle, nesses episódios, era o único médico a bordo.

— Quando Heather me levou na cadeira de rodas para o avião, perguntei-me se haveria alguém a bordo para nos ajudar.

Deus, conforme ele logo descobriu, respondeu sua oração cem vezes. Ele está pronto para fazer o mesmo por você.

PARTE 2

A GRAÇA EM AÇÃO

5

RICO EM GRAÇA

Quando a graça acontece, a generosidade acontece. Uma grande e sincera amabilidade acontece.

Amy Wells sabia que sua loja de noivas estaria cheia. As futuras noivas aproveitavam os dias depois do Dia de Ação de Graças. Era comum parentes e irmãs passarem a maior parte do fim de semana do feriado olhando vestidos de noiva na loja dela em San Antonio, Texas. Amy estava preparada para atender os clientes. Ela nunca esperava que fosse dar a graça a um moribundo.

Do outro lado da cidade, Jack Autry estava no hospital, lutando para continuar vivo. Ele estava no estágio final do câncer. Ele sofrera um colapso dois dias antes e fora levado às pressas para o pronto-socorro. Sua família estendida estava na cidade não só para celebrar junta o dia de Ação de Graças, mas para fazer os preparativos para o casamento da filha dele. Chrysalis estava a poucos meses do casamento. As mulheres da família tinham planejado passar o dia escolhendo um vestido de noiva. Mas agora, com Jack no hospital, Chrysalis não queria ir escolher o vestido.

Jack insistiu. Após muita persuasão, Chrysalis, sua mãe, a futura sogra e as irmãs foram à loja de noivas. A dona da loja percebeu que as mulheres estavam um pouco quietas, mas presumiu que fosse apenas uma família calada. Ela ajudou Chrysalis a experimentar um vestido atrás do outro até ela encontrar um vestido de noiva marfim de seda e cetim que todas amaram. Jack gostava de chamar Chrysalis de sua princesa, e o vestido encomendado por Chrysalis a fazia parecer uma princesa.

Foi quando Amy soube de Jack. Por causa do câncer, ele não pôde ir ver a filha em seu vestido. E a família, por causa das contas médicas, ainda não podia comprar o vestido. Parecia que Jack Autry morreria sem ver a filha vestida de noiva.

Amy não quis escutar uma história como essa de forma impassível. Ela disse a Chrysalis para levar o vestido e o véu ao hospital e vesti-los para o pai.

— Sabia que estava tudo bem. Não tive a menor sombra de dúvida quanto a fazer isso. Deus estava falando comigo — explicou Amy.

Não foi exigido nem dado nenhum cartão de crédito. Amy nem mesmo anotou um número de telefone. Ela estimulou a família a ir diretamente para o hospital. Não foi preciso falar isso duas vezes para Chrysalis.

Quando ela chegou ao quarto do pai, ele tinha recebido muita medicação e dormia. Quando os membros da família o acordaram, as portas da sala foram abertas devagar e, ali, ele viu a filha, envolvida em 14m de camadas ondulantes de seda. Ele conseguiu ficar alerta por cerca de vinte segundos.

— Mas aqueles vinte segundos foram mágicos — rememora Chrysalis. — Meu pai me viu andar no quarto com o vestido mais bonito que já vimos. Ele estava realmente fraco. Ele sorriu e ficou apenas olhando para mim. Segurei a mão dele, e ele segurou a minha. Perguntei a ele se estava parecida uma princesa... Ele concordou com a cabeça. Ele me olhou um pouco mais e parecia que ele estava quase chorando. Então, ele adormeceu.

Ele morreu três dias depois.[1]

Chrysalis e sua família não tinham recursos para dar a Jack uma última visão da filha vestida como princesa. Contudo, graças à generosidade de Amy, eles ficaram ricos em um momento de graça abundante, fantástica e cascateante.

De Deus para Amy, para Chrysalis, para Jack. Não é assim que a graça funciona?

Não é assim que Deus opera? Ele começa o processo. Deus não ama apenas; ele nos *inunda* com seu amor (1João 3:1). Ele não distribui pequenas quantidades de sabedoria, "a todos dá livremente, de boa vontade" (Tiago 1:5). O Senhor é rico em "bondade, tolerância e paciência" (Romanos 2:4). A graça do nosso Senhor "transbord[a]" (1Timóteo 1:14) e é "indescritível" (2Coríntios 9:14,15).

> Deus não ama apenas; ele nos inunda com seu amor.

Ele transformou alguns pães e peixes em alimento para cinco mil pessoas; em um casamento, transformou água em vinho; e, duas vezes, abarrotou o barco de Pedro com peixe. Ele curou todos que procuravam por saúde, ensinou todos que queriam instrução e salvou todos que aceitaram a dádiva da salvação.

Deus "supre a semente ao que semeia e o pão ao que come" (2Coríntios 9:10). O verbo grego para "supre" (*epichoregeo*) abre a cortina da generosidade de Deus. Combina "dança" (*choros*) com o verbo "conduzir" (*hegeomai*).[2] O sentido literal é "conduzir uma dança". Imagine-o no centro do círculo, um sorriso imenso na face, ensinando-lhe o último passo de dança. Quando o Senhor nos doa algo, ele dança de alegria. Ele comanda a banda e conduz a parada dessa dádiva.

Ele ama doar.

Deus até mesmo promete uma recompensa colossal para quem se juntar a ele e doar com ele. Pedro perguntou para Jesus: "'Nós deixamos tudo para seguir-te! Que será de nós?'" (Mateus 19:27). Parece uma boa oportunidade para Jesus consertar a atitude egocêntrica do "eu primeiro" de Pedro. Ele não faz isso. Ao contrário, assegura a Pedro, junto com todos os discípulos, que "recebe[remos] cem vezes mais e herdar[emos] a vida eterna" (Mateus 19:29). Podemos chamar isso de generosidade.

> Não tenham medo, pequeno rebanho, pois foi do agrado do Pai dar-lhes o Reino
> (Lucas 12:32).

Deus não distribui sua bondade com conta-gotas, mas com um hidrante. Seu coração é imensurável, e sua graça é o mar Mediterrâneo. Você simplesmente não consegue apreender todas essas dádivas. Portanto, deixe-as transbordar. Espalhar-se. Emanar. E aproveite a inundação.

> É o fluxo infinito da graça do Senhor que lhe permite dar tão completamente e continuar dando. Quando aceitamos sua graça, também nos ligamos a seu suprimento infinito. Nossa reação deve ser dar um por um aos outros — nosso tempo, nosso dinheiro, nossas coisas, nossa sabedoria e nosso amor.

Quando a graça acontece, a generosidade acontece. Uma grande e sincera amabilidade acontece.

Isso, com certeza, aconteceu para Zaqueu. Se o Novo Testamento tem um especialista na vigarice, esse é o homem. Ele nunca conheceu uma pessoa que não conseguisse enganar nem jamais viu uma moeda que não conseguisse ganhar. Ele era o "chefe dos publicanos" (Lucas 19:2). Os publicanos do século I enganavam qualquer coisa que andasse. O governo romano permitia que eles ficassem com tudo que conseguiam ganhar por meios escusos. Zaqueu ganhou muito. Ele era um "homem rico" (v. 2). Rico do tipo com terno sofisticado e unhas bem-cuidadas. Rico do tipo passeio pela cidade em um conversível. Rico do tipo férias de primavera nas Bahamas. Um homem rico e corrupto.

E rico culpado? Ele não seria o primeiro escroque a sentir remorso. E não seria o primeiro a se perguntar se Jesus poderia ajudá-lo a tirar esse peso de sua consciência. Talvez seja a razão por que ele terminou em cima daquela árvore. Quando Jesus e seus seguidores atravessaram Jericó, metade da cidade apareceu para dar uma olhada. Homens, mulheres e crianças dos dois lados da rua se acotovelando na calçada para conseguir ver, e Zaqueu está entre eles. Mas os cidadãos de Jericó não estavam dispostos a deixar Zaqueu — aquele baixinho e inimigo de longa data — abrir caminho para a frente da multidão às cotoveladas. Ele ficou pulando por trás do muro de pessoas, torcendo para conseguir ver alguma coisa.

> Pois a graça não é dada porque fizemos boas obras, mas a fim de que consigamos fazê-las.
> — Agostinho

Foi quando ele viu o sicômoro, vibrou com a ideia que lhe ocorrera e correu para ali. Estava feliz em se arriscar para conseguir dar uma boa olhada em Cristo. Ele nunca imaginou que Cristo poderia dar uma boa olhada nele. Mas Jesus deu. "'Zaqueu, desça depressa. Quero ficar em sua casa hoje'" (v. 5).

O trapaceiro nanico olhou para um lado, depois, para o outro, caso houvesse outro Zaqueu na árvore. Constatou que Jesus falava com ele mesmo. Com ele! De todas as casas da cidade, Jesus escolheu a dele. Financiada com dinheiro ilegal, evitada pelos vizinhos, contudo, naquele dia, foi agraciada com a presença de Jesus.

> A graça transformou o coração do cobrador de impostos. Ela está transformando o seu?

Zaqueu nunca mais foi o mesmo. "'Olha, Senhor! Estou dando a metade dos meus bens aos pobres; e se de alguém extorqui alguma coisa, devolverei quatro vezes mais'" (v. 8). De repente, Zaqueu possuía um tipo diferente de riqueza. Não o tipo marcado por pilhas de notas e moedas, mas pelas obras de generosidade e amor.

A despeito das escolhas ruins de Zaqueu, a despeito de sua desonestidade passada, Jesus lhe ofereceu bondade e um assento à mesa do céu. Jesus lhe ofereceu graça. E quando essa graça passou pela porta da frente, o egoísmo fugiu pela dos fundos. A graça transformou o coração do cobrador de impostos.

Ela está transformando o seu?

SUA HISTÓRIA:

Como Deus tem lhe concedido graça ultimamente?

....

Como você transmitiu essa graça para outra pessoa?

....

Algumas pessoas, ao contrário de Zaqueu, resistem à transformação. O servo ingrato resistiu (Mateus 18:23-35). Na história que Jesus contou, o servo devia mais dinheiro para o rei do que jamais poderia pagar. O homem, por mais que tentasse, não conseguia fazer os pagamentos. Era mais fácil ele achar um iPod em seu cereal do que conseguir dinheiro para pagar aquela dívida. "Como não tinha condições de pagar, o senhor ordenou que ele, sua mulher, seus filhos e tudo o que ele possuía fossem vendidos para pagar a dívida. O servo prostrou-se diante dele e lhe implorou: 'Tem paciência comigo, e eu te pagarei tudo'. O senhor daquele servo teve compaixão dele, cancelou a dívida e o deixou ir" (vv. 25-27).

O homem correu para a casa de uma pessoa que lhe devia uma pequena quantia. Você esperaria que o homem que acabara de ser abençoado correria para abençoar, certo? Não foi bem esse o caso. Ele exigiu o pagamento da dívida. Ele não ouviu os pedidos do companheiro por misericórdia e trancou-o na prisão como devedor. Como ele podia ser tão sem sentimentos? Jesus não nos informa. Ele deixa que especulemos, e especulei bastante: a graça nunca acontecera para ele. Ele achou que tinha vencido o sistema. Em vez de deixar o castelo do rei com um coração agradecido ("Que grande rei eu sirvo!"), ele saiu com o peito inchado de orgulho ("Como sou esperto!"). O rei soube da resposta egoísta e ficou com muita raiva. "'Servo mau, cancelei toda a sua dívida porque você me implorou. Você não devia ter tido misericórdia do seu conservo como eu tive de você?'" (vv. 32,33).

O servo egoísta não obteve graça. A graça dada gera graça.

O servo egoísta não obteve graça. A graça dada gera graça.

Um adolescente chamado Jacob Shepherd obteve-a.

O NATAL EM QUE FIQUEI RICO

Por Jacob Andrew Shepherd

Quando tinha 13 anos, minha mãe e eu fomos às compras na época de Natal em um grande shopping de Portland. Meus bolsos estavam cheios de dinheiro. Uma parte ganhara com trabalho e a outra parte ganhara de parentes que achavam que preferiam que eu mesmo escolhesse meus presentes. Já comprara presentes para minha família. Não via a hora de gastar todo o dinheiro em algumas roupas legais ou talvez em um videogame.

Minha mãe estava tão entusiasmada quanto eu por estar ali. Ela ama o perfume, a música e as decorações festivas que não temos em nossa cidadezinha. Contudo, acima de tudo, ela ama as pessoas. Ela tem uma maneira de ir além da roupa ou da maquiagem e ver a verdadeira pessoa. Nessa viagem ao shopping, ela conheceu Carla.

Carla era o tipo de garota que a maioria das pessoas olharia com o canto dos olhos e depois se afastaria dela. Ela estava sentada em um banco — com roupas velhas e gastas, maquiagem preta e sem casaco. Ela era uma adolescente, mas a raiva e o sofrimento em sua fisionomia a faziam parecer bem mais velha.

Mamãe se sentou ao lado de Carla:

— Você está bem?

— Estou ótima — resmungou Carla sem levantar os olhos.

Muitas vezes as pessoas respondem dessa maneira, independentemente de como se sentem. Isso não deteve minha mãe. Ela insistiu de forma amorosa até Carla contar o que estava realmente errado.

Lágrimas começaram a correr pelo rosto de Carla à medida que ela despejava seu passado. Ela não sabia nada sobre seus verdadeiros pais e tinha entrado e saído de lares adotivos sua vida toda. Quando fez 18 anos, o último par de pais adotivos a expulsou de casa, pois não receberia mais dinheiro do governo para cuidar dela. Ela vivia sob uma ponte e se aventurara até o shopping para se aquecer e pegar restos de comida. Mamãe sentiu que havia mais e continuou a fazer perguntas. Carla explodiu em lágrimas e contou que no dia anterior dera seu bebê recém-nascido para adoção. Ela não tinha recursos para se casar com o namorado, e muito menos para cuidar sozinha de um bebê.

Nessa hora, um rapaz se aproximou. Suas roupas estavam surradas, e ele, obviamente, não estava vestido para o inverno do noroeste dos Estados Unidos. Ele se mexia desconfortável em seus tênis velhos, enquanto Carla explicava que Rich também era uma criança adotada que fora expulsa da casa dos pais adotivos aos 18 anos.

Eu não conseguia imaginar como era não ter pais que me amassem e cuidassem de mim. Nunca tive de me preocupar se faria alguma refeição ou se teria roupas para vestir. Meu maior problema era recolher todas minhas roupas do chão do meu quarto.

Enquanto ouvia Carla e Rich contarem sua história em meio a lágrimas solitárias, a influência que o shopping tivera sobre mim começou a mudar. Meu coração apagou-se, e, junto com ele, meu entusiasmo por mais coisas também se apagou.

O que mamãe e eu fizemos nas duas horas seguintes sempre estará aceso em minha memória. Fomos às compras, tudo bem, mas fomos com dois novos amigos. Você devia ver o olhar de Carla e de Rich quando mamãe e eu os escoltamos direto para uma loja de departamento. Eles gaguejaram:

— Nunca fomos a uma loja assim!

Mamãe pegou a mão de Carla e foi diretamente para a seção feminina enquanto Rich e eu fomos olhar as roupas masculinas.

— Aquelas calças ficaram ótimas em você — disse enquanto Rich saía do provador. — Você tem certeza de que o casaco é bem quente?

Depois de Rich e eu escolhermos seu casaco, sua calça e sua camisa, nos juntamos a mamãe e observamos Carla experimentar suas roupas. Seu rosto estava iluminado enquanto a aplaudíamos. Fomos para o caixa, e minha mãe fuçou sua bolsa. Parei-a tranquilamente, batendo no meu bolso com dinheiro.

— Mamãe, eu pago dessa vez.

Então, o que ganhei de Natal naquele ano? Diria que ganhei um amigo... um amigo chamado Rich.[3]

A graça aconteceu no shopping de uma grande cidade. De Deus para um par de compradores natalinos para um casal de adolescentes sem-teto. Graça generosa, inesperada e transbordante.

E quanto a você?

Você se ressente da bondade de Deus com os outros? Você resmunga por causa da recompensa desigual de Deus? Se esse for o caso, você está enciumado porque o Senhor é bom?

Há quanto tempo sua generosidade espantou alguém? Quando alguém objetou: "Não, de verdade, isso é generoso demais?" Se foi há algum tempo, reconsidere a graça extravagante de Deus.

Deixe a graça aquecer seu coração frio. "Cresçam [...] na graça e no conhecimento de nosso Senhor e Salvador Jesus Cristo" (2Pedro 3:18). Quando fizer isso, você se descobrirá juntando-se à classe da verdadeira riqueza. Será rico em graça.

6

PÉS MOLHADOS

Onde falta graça, é abundante a amargura.
Onde a graça é abundante, o perdão floresce.

Se as mágoas fossem pelos, todos nós pareceríamos ursos-cinzentos. Até mesmo a beleza da pele lisa na capa da revista, o doce cantar da estrela no palco, a bondade da senhora idosa que vive na casa ao lado. Todos eles. Todos nós. Bestas cabeludas, peludas em que nos transformamos. Se as mágoas fossem pelos, nos perderíamos atrás da espessura deles.

Afinal, elas não são inumeráveis? Tantas mágoas. Quando os amigos zombam da maneira como você se veste, os insultos deles o magoam. Quando os professores ignoram seu trabalho, a negligência deles o magoa. Quando sua mãe o embaraça, quando sua namorada o humilha, quando seu namorado a deixa, tudo causa mágoas. A rejeição sempre magoa. Tão certo quanto o verão traz o sol, as pessoas trazem mágoas. Às vezes, deliberadamente. Outras vezes, aleatoriamente.

Victoria Ruvolo pode falar sobre a dor aleatória. Em uma noite de novembro, em 2004, essa nova-iorquina de 44 anos estava dirigindo, voltando para sua casa em Long Island. Tinha acabado de assistir ao recital da sobrinha e estava pronta para relaxar no sofá, na frente da lareira.

Ela não se lembra de ter visto o Nissan prata se aproximando do leste. Ela não se lembra do garoto de 18 anos inclinando-se para fora da janela, segurando um peru congelado. Ele jogou-o no para-brisa dela.

A ave de nove quilos atravessou o vidro, entortou a direção e estraçalhou o rosto dela como um prato de jantar no concreto. A violenta brincadeira a deixou na UTI, lutando pela vida. Ela sobreviveu, mas somente depois que os médicos colocaram fios em sua mandíbula, prenderam um dos seus olhos com película sintética e colocaram pinos de titânio em seu crânio. Ela não consegue se olhar no espelho sem se lembrar da dor.[1]

Você não foi golpeado por um peru, mas andou de ônibus com um, está em um projeto de classe com outro, foi rejeitado por ainda outro. Agora, para onde você se volta? Cerveja e amigos? Serviço de bufê para uma festa de lamentação? Um site de jogos?

Quando alguém nos magoa, tendemos a querer devolver o "favor". Foi exatamente isso que alguns soldados norte-americanos fizeram no

Afeganistão. A namorada de um membro da tropa rompeu com ele por carta. Ele ficou devastado. Para acrescentar insulto ao dano, a moça escreveu: "Por favor, devolva minha fotografia favorita que tirei para lhe dar, pois quero usá-la para meu retrato de noivado no jornal do município."

> Quando alguém nos magoa, tendemos a querer devolver o "favor".

Ai! Mas os colegas dele vieram em sua defesa. Eles atravessaram as barracas e pegaram fotografia das namoradas de todos os outros soldados. Eles encheram uma caixa de sapato. O soldado rejeitado pôs no correio as fotografias para sua ex-namorada acompanhada deste bilhete: "Por favor, encontre sua fotografia nessa caixa e devolva as restantes. Por mais que tente, não consigo me lembrar qual delas é você."[2]

Sim, a vingança tem seu apelo. Mas Jesus nos mostra um caminho melhor — um que termina em graça.

Jesus e seus seguidores tinham se reunido em uma sala no andar de cima, o cenáculo, para celebrar a Páscoa. Ele sabia que era a última noite antes de sua morte. O que ele escolheu fazer nesse momento solene e histórico? "Assim, [Jesus] levantou-se da mesa, tirou sua capa e colocou uma toalha em volta da cintura. Depois disso, derramou água numa bacia e começou a lavar os pés dos seus discípulos, enxugando-os com a toalha que estava em sua cintura" (João 13:4,5).

> Jesus entendia quem era e a razão de sua vida.

Jesus entendia *quem* era e a *razão* de sua vida. Quem era ele? O Filho de Deus. Por que ele estava na terra? Para servir o Pai. Ele conhecia sua identidade e autoridade. Assim, Jesus — dirigente, treinador titular, rei do mundo e soberano dos mares — lavou os pés de seus discípulos.

Não sei a seu respeito, mas se eu soubesse que estava para morrer, meu primeiro pensamento não seria pegar um sabonete, água e o tornozelo de alguém. Não sou nem mesmo fã de pés. Olhar você na cara? Bem, faria isso. Apertar sua mão? Com alegria. Passar o braço sobre seus ombros? Feliz em fazer isso. Enxugar uma lágrima da bochecha de uma criança? Em um piscar de olhos. Mas esfregar pés? Ora, vamos.

Os pés cheiram mal. Ninguém inventou uma colônia chamada Pé de Atleta Deluxe ou Meias de Ginástica Almiscarada. Os pés não são conhecidos por seu cheiro doce.

Nem por sua boa aparência. Seu namorado não cola uma foto de seus dedos do pé no armário dele. Os avós não carregam fotografias das unhas do pé dos netos.

— Esses não são os arcos dos pés mais fofinhos que já viu?

Queremos ver o rosto, não os pés.

Você ouviu falar do homem que nasceu com dois pés esquerdos?
Ele saiu e comprou sandálias de dedo.

Os pés têm calcanhares. Os pés têm unhas encravadas. Joanetes e fungos. Calosidade e calos. E verrugas na planta dos pés. Algumas tão grandes que dá para escrever o CEP nelas.

Os pés cheiram mal e são feios. O que, acredito, seja o ponto da história.

Jesus tocou os **pés** feios e malcheirosos dos discípulos. Sabendo que veio de Deus. Sabendo que ia para Deus. Sabendo que se arqueasse a sobrancelha ou limpasse a garganta, e todos os anjos do universo prestariam atenção a isso. Sabendo que tinha toda a autoridade, ele trocou seu manto pela capa do servo, abaixou-se à altura do joelho deles e começou a esfregar a sujeira, a areia e o lixo que os pés deles tinham acumulado na jornada.

Esse era o dever do escravo, o trabalho do servo. Quando um mestre chegava em casa depois de passar um dia caminhando nas ruas de pedra, ele esperava uma sessão de lava-pés. O servo mais humilde encontrava-o à porta com toalha e água.

Mas no cenáculo não havia nenhum servo. Jarro de água? Um estava ali. Bacia e toalha? No canto da mesa. Mas ninguém tocou neles. Ninguém se mexia. Cada um dos discípulos esperava que o outro pegasse a bacia e lavasse os pés.

Alguém fez isso.

Jesus não excluiu nem um seguidor, apesar de que não o teríamos culpado se pulasse Filipe. Quando Jesus dissera para os discípulos alimentarem a multidão faminta de cinco mil pessoas, talvez Filipe tenha retorquido: "É impossível" (veja João 6:7). Então, o que Jesus faz com alguém que questiona sua ordem? Aparentemente, ele lava os pés dos que duvidam.

Tiago e João exigem lugares na fila da frente no Reino de Cristo (Marcos 10:35-40). Então, o que Jesus faz quando as pessoas usam seu Reino para promoção pessoal? Ele desliza uma bacia na direção deles.

Pedro tentou dissuadir Cristo de ir para a cruz (Mateus 16:21,22). Em horas, Pedro negaria até mesmo conhecer Jesus e sairia às pressas para se esconder (João 18:17,25-27). Na verdade, todos os 24 pés dos seguidores de Jesus logo fugiriam, deixando-o para enfrentar sozinho seus acusadores. Você já se perguntou o que Deus faz com quem quebra promessas? Ele lava os pés dessas pessoas.

E Judas. O rato mentiroso, cúmplice e ganancioso que vendeu Jesus por um saco de dinheiro. Jesus não lavaria os pés dele, lavaria? Espero que não. Se ele lavar os pés do Judas dele, você tem de lavar os pés do seu. O seu traidor. Alguém nefasto que gosta de jogar peru nos outros. Esse vagabundo, esse vilão que não presta para nada. O Judas de Jesus foi embora com trinta peças de prata. Já o seu Judas foi embora com sua reputação, sua ideia, sua virgindade, sua confiança, seu melhor amigo.

Você espera que eu lave os pés dele e o deixe ir embora?

A maioria das pessoas não quer fazer isso. Elas usam a foto do vilão como alvo de dardos. O vulcão interno delas entra em erupção de vez em quando, enviando ódio pelo ar, poluindo e sujando o mundo. A maioria das pessoas mantém um pote de ódio em fogo baixo.

> Se a graça fosse um campo de trigo, Deus teria lhe deixado o território considerado o maior produtor desse grão.

Mas você não faz parte do que denominamos "a maioria das pessoas". A graça tem surpreendido você. Olhe para seus pés. Eles estão molhados, embebidos em graça. Seus dedos, arcos e calcanhares têm sentido a bacia fresca da graça de Deus. Jesus tem lavado as partes mais sujas de sua vida. Ele não pulou você e levou a bacia em direção a outra pessoa.

Um pianista chamado Austin sabia como perdoar. Um menino travesso chamado Kyle, com certeza, precisava ser perdoado.

AULAS DE MÚSICA

Por Katherine Bond

Se alguma coisa estiver errada na Orville Wright Elementary — 15 pares de roupa íntima no alto do mastro da bandeira, um mictório que toca "Jingle Bells" toda vez que alguém dá a descarga —, seja o que for, Kyle sempre é considerado o culpado.

Sou Kyle.

Fui chamado de novo na sala da sra. Kellerman. Estava sentado ali um menino mais velho com braços magros e morenos.

— Kyle, esse é Austin Atterberry — disse a sra. Kellerman.

Ela pôs de volta no armário uma grossa pasta de arquivo, a minha. Austin está no 9° ano do ensino fundamental na Edison. Ele concordou em ser meu companheiro do final do ensino fundamental.

"Então, quando eu concordei com isso?", pensei.

O garoto se levantou. Ele era alto, bem alto.

— Aposto que você joga basquete — disse-lhe.

— Não jogo, não — explicou ele. — Toco piano.

Não era realmente ruim ter Austin por perto. Quando estava com ele, ninguém me batia. Ele estava certo quando disse que não jogava basquete. Os lances dele sempre batiam no aro da cesta. Ganhava dele toda vez que jogávamos.

Mas ele, com certeza, tocava piano. Ele tinha aulas em uma igreja com uma senhora chamada sra. Goodwin. Ele estivera economizando para comprar um teclado Yamaha PR-500 na Harmony Music. Ele me disse que faltavam apenas cem dólares.

Fomos até a igreja para a aula de Austin.

— Leve Austin lá embaixo, Kyle — disse a sra. Goodwin. — Tem uma coisa que ele precisa ver.

Lá embaixo tinha uma cozinha, algumas mesas arranhadas e algumas cadeiras altas. Então, vimos. Contra a parede estava o Yamaha PR-500 de Austin.

— Sra. Goodwin! — Austin soltou o ar. — Como a senhora...?

As pulseiras dela tilintaram.

— Você mereceu, querido.

Austin ligou o teclado. Ele o fez soar como violino, tocou ritmos de tambor, fez som de coro de escola.

Depois de um tempo, Austin e a sra. Goodwin subiram para a aula dele. Ofereci-me para tomar conta do teclado. Era bem legal. Podia fazer som de trompetes e órgão e de algo chamado vibrafone.

Então, tive uma ideia. Se conseguia fazer um mictório tocar "Jingle Bells", seria fácil mexer algumas cordas e ver se conseguia o som de uma vaca, uma ovelha e uma galinha. Austin ia rolar de rir. Achei uma chave de fenda e tirei a tampa de trás. Tirei a placa de circuito, mexi nela e a reinstalei. Depois, apertei uma tecla.

O som era exatamente o de um pato afogado. A seguir, apertei outra tecla. A mesma coisa. Nada de sinos, nada de tambores. Apenas um guincho terminando em um chiado resfolegante.

Lá em cima, o piano parou de tocar. Houve passos na escada. Empurrei os fios de volta ao teclado tão rápido quanto consegui. Austin irrompeu na cozinha e parou. Ele olhou para minha mão cheia de fios. Sem dizer uma palavra, colocou uma bala na boca e saiu.

Encontrei-o ajoelhado no santuário. A sra. Goodwin tinha ido embora.

— O que você está fazendo? — perguntei.

— Estou orando para não matar você — resmungou ele com a bala na boca.

Era um bom momento para voltar lá para baixo. Mexi em mais alguns fios. Nada funcionou. Não tinha culpa que houvesse tantos circuitos. Se Austin ia ficar assim, não havia motivo para ficar ali.

Tinha um gosto amargo na boca quando subi no ônibus para casa.

Austin não apareceu no dia seguinte. Passou-se uma semana. Pensei em todos os jogos de basquete que ele jogara comigo, apesar de ele sempre perder. Austin era um amigo de verdade.

Eu não era.

Austin estava tocando o piano quando me esgueirei no santuário. A música triste que ele tocava me penetrou. Duas lágrimas estúpidas escorreram pelo meu rosto.

Austin levantou os olhos. Abaixei os meus, que piscaram um monte de vezes. Ele veio pelo corredor e colocou a mão no meu ombro. Não tirei a mão dele.

— Desculpe-me — murmurei, sentindo a estupidez do que fizera. — Tentei consertar, mas...

Austin concordou com a cabeça.

— Você ainda... está louco da vida? — perguntei desajeitadamente. Ele provavelmente me odiava.

— Jesus diz para perdoar — disse Austin. — O perdão não é um sentimento, irmãozinho. É algo que você faz.

— Você ainda vai ser meu companheiro?— olhei para Austin, e ele deu um sorriso.

— Vou, sim — disse ele. — Vou, sim, irmãozinho. Você ainda tem que aprender algumas coisas.[3]

Nós também ainda precisamos aprender algumas coisas. Uma delas é que o perdão é algo que você faz. Outra é como aceitar a graça imerecida.

"Se eu, sendo Senhor e Mestre de vocês, lavei-lhes os pés, vocês também devem lavar os pés uns dos outros. Eu lhes dei o exemplo, para que vocês façam como lhes fiz" (João 13:14,15).

Aceitar a graça é aceitar a promessa de passá-la adiante.

Nove meses depois da desastrosa noite de Victoria Ruvolo, ela ficou face a face com seu ofensor no tribunal, e sua face toda sustentada com titânio. Ryan Cushing não era mais o rapaz atrevido jogando perus do Nissan. Ele estava tremendo, temeroso e tímido. Para a cidade de Nova York ele passou a simbolizar uma geração de rapazes fora de controle. A sala estava cheia de gente que viera para vê-lo ser castigado. A sentença do juiz enraiveceu as pessoas — apenas seis meses preso, cinco anos de liberdade condicional, algum aconselhamento e serviço público.

> Aceitar a graça é aceitar a promessa de passá-la adiante.

A corte explodiu. Todos protestaram. Todos, menos Victoria Ruvolo. Ela tinha pedido ao juiz que desse a pena mais leve. O menino veio até ela, e ela abraçou-o. Totalmente à vista do juiz e da multidão, ela abraçou-o apertado e acariciou seu cabelo. Ele soluçou, e ela disse:

— Eu perdoo você. Quero que sua vida seja a melhor possível.[4]

Ela permitiu que a graça modelasse sua reação.

— Deus me deu uma segunda chance na vida e passei-a adiante — diz ela.[5] — Se não deixasse a raiva de lado, teria sido consumida pela necessidade de vingança. Perdoá-lo me ajuda a seguir em frente.[6]

Seu acidente conduziu-a para sua missão: ser voluntária no departamento de liberdade condicional do município.

— Estou tentando ajudar os outros, mas sei que pelo resto da vida serei conhecida como "Senhorita peru". Poderia ter sido pior. Ele poderia ter jogado um pernil de porco. Seria "Senhorita porco![7]

Victoria Ruvolo sabe como encher uma bacia de água e lavar os pés dos outros.

E você?

SUA HISTÓRIA:

Quando foi a última vez que alguém fez algo realmente terrível para você?

....

Você reagiu com ressentimento ou com graça?

....

Construa uma prisão de medo se você quiser; cada mágoa um tijolo. Crie-a com uma cela e uma única cama. (Você não atrai colegas de quarto.) Pendure grandes telas de vídeo nas quatro paredes para que imagens gravadas da agressão sejam passadas repetidas vezes, 24 horas por dia. Fones de ouvido disponíveis. Apelativo? Não, amedrontador. Rancores guardados acabam com a alegria da vida. A vingança não pinta o céu de azul novamente nem restaura a primavera em seu caminho. Não. Vai deixá-lo amargo, curvado e com raiva.

Em vez disso, doe a graça que lhe foi dada. Você não está aprovando as obras de seu ofensor quando faz isso. Jesus não aprovou seus pecados ao perdoá-los. A graça não lhe diz para fingir que o briguento não lhe bateu. Ela não lhe diz para gostar do pai que o molestou. A pessoa definida pela graça ainda se levanta contra os trapaceiros, os mentirosos e os traidores.

A graça não é cega. Ela vê muito bem a mágoa. Mas a graça escolhe ver ainda mais o perdão de Deus. Ela se recusa a deixar que a mágoa envenene o coração. Onde falta graça, é abundante a amargura. Onde a graça é abundante, o perdão floresce.

> Ser cristão significa perdoar o indesculpável, porque Deus perdoa o indesculpável em você.
>
> — C.S. Lewis

A sequência é importante. Primeiro, Jesus lava; a seguir, nós lavamos. Ele demonstra; nós seguimos. Ele usa a toalha, depois, estende-a para nós, dizendo:

— Agora você faz isso. Atravesse o seu cenáculo e lave os pés do seu Judas.

Assim, siga em frente. Molhe os pés. Tire os sapatos e as meias e ponha os pés na bacia. Primeiro um, depois, o outro. Deixe as mãos de Deus tirarem toda parte suja de sua vida — sua desonestidade, seu ciúme, sua raiva, sua amargura e sua hipocrisia. Deixe-o tocar em todas elas. Enquanto as mãos dele fazem seu trabalho, olhe através da sala. Há alguém ali com os pés sujos, esperando que você pegue a bacia. Alguém que precisa de graça.

Talvez o perdão não aconteça plenamente de uma vez. Mas pode acontecer com você. Afinal, você está com os pés molhados.

7

CONFESSANDO

A graça do Senhor agarrou você, reprogramou-o e reservou seu espaço no céu. Você pode verdadeiramente se arriscar com Deus.

Eu gostava de cerveja.

Talvez demais. O alcoolismo assombrava meus familiares. Tenho memórias antigas de seguir meu pai, Jack Lucado, através dos corredores de um centro de reabilitação para ver sua irmã. Tenho lembranças mais recentes de observar meu irmão mais velho, Dee, perder a saúde, os relacionamentos, os empregos, o dinheiro e tudo além dos dois últimos anos de sua vida para a bebida. A cerveja não se mistura bem com o DNA da minha família.

Meu pai sabia disso. Ele odiava toda forma de bebida alcoólica porque entendia seu poder de destruição. Quando eu tinha 15 anos, ele não deixou dúvida de que queria que seus filhos não tivessem nada que ver com o álcool. No entanto, é uma coisa engraçada ter 15 anos. Você simplesmente sabe que é mais esperto que seus pais. Pelo menos, a respeito de algumas coisas. Pelo menos, conforme decidi, em relação à bebida.

Assim, planejei me embebedar. A circunstância era bem simples: eu, um amigo e um engradado de cerveja. Bebi cerveja até não conseguir enxergar direito, depois fui para casa e vomitei até não conseguir mais ficar de pé. Meu pai veio ao banheiro, sentiu o cheiro de cerveja, jogou uma toalha na minha direção e saiu desgostoso.

Esse foi o começo de alguns anos extravagantes para um Max Lucado. Menti para meus pais. Menti para amigos. O foco estava em mim, mim, mim.

E bebi. Com gosto.

Estava no segundo ano da faculdade na última vez que fiquei bêbado. Parei de ir à igreja porque achava que Deus não me queria de volta. Mas a influência de alguns bons amigos e de um ministro me ajudou a ver que todo o motivo pelo qual Jesus morreu na cruz foi por pessoas como eu. Essa foi uma descoberta transformadora de vida. Percebi que Deus está sempre pronto a garantir uma segunda chance. Então, agarrei-a — e sou agradecido por essa oportunidade desde aquela época.

Também jurei parar de beber. Durante um tempo. Então, um dia, despertei para o fato de que depois de alguns lapsos e muita racionalização me transformara exatamente no tipo de pessoa que mais odeio: um hipócrita. Um fingidor. Um falso. Agindo de uma maneira, mas vivendo de outra. Não foi a cerveja, mas esconder a verdade que me deixou doente.

Sabia o que precisava fazer.

"Se afirmarmos que estamos sem pecado, enganamos a nós mesmos, e a verdade não está em nós. Se confessarmos os nossos pecados, ele é fiel e justo para perdoar os nossos pecados e nos purificar de toda injustiça" (1João 1:8,9).

Confesse. Admita. Fique limpo. Reconheça. Todas essas palavras significam a mesma coisa — mas o que é isso exatamente?

A confissão não é contar a Deus o que ele não sabe. Isso é impossível.

A confissão não é reclamar. Se apenas repito meus problemas e aflições, estou lamentando.

A confissão não é culpar. Apontar o dedo para os outros sem apontá-lo para mim parece bom, mas não cura.

A confissão é muito mais que isso. A confissão é a confiança radical na graça. Uma declaração de nossa confiança na bondade de Deus. "O que fiz foi ruim", admito, "mas sua graça é maior que meu pecado, portanto o confesso." Se nosso entendimento da graça é pequeno, nossa confissão é pequena: relutante, hesitante, incompleta, enterrada em desculpas e qualificações. Você conhece o tipo.

> A confissão é a confiança radical na graça

"Papai, hummm, não sei como o para-choque do seu carro foi arranhado. Bem, mais que arranhado. Talvez alguém tenha batido nele enquanto eu estava na loja." Ou: "Ei, mana, desculpa ter lido seu diário, mas você realmente não devia tê-lo deixado aberto na sua cama."

A graça fantástica e superabundante, por sua vez, cria uma confissão completa e honesta. Como a do filho que pegou o dinheiro de sua herança, saiu de casa, acabou com o dinheiro todo e voltou envergonhado e disse:

"Pai, pequei contra o céu e contra ti. Não sou mais digno de ser chamado teu filho" (Lucas 15:21).

Ou como a confissão oferecida por Shaun Groves.

UM BILHÃO DE ANOS-LUZ DE DEUS

Por ShaunGroves

Eu tinha 13 anos. Estava na casa de meu amigo Tyler. Ele era meu único amigo com acesso à internet. Quase todos os dias, jogávamos jogos de computador durante horas.

Mas um dia clicamos no que pensamos ser um jogo para baixar, e nossa vida mudou. Não era um jogo, mas um vídeo. De início, rimos quando vimos a imagem embaçada de uma mulher se mexendo devagar. Rimos nervosamente como se disséssemos:

— Isso é estúpido. Desligue.

Mas não desligamos. Assistimos ao vídeo. Depois, fui para casa.

Mas Tyler continuou assistindo mais e me mostrou o que descobriu. Não fui embora dessa vez. Não queria continuar olhando. Mas continuei. Fui fisgado.

Conforme o tempo passava, variava entre me sentir culpado e querer ver mais. Alguns dias, era forte. Outros dias, era como um lascivo dependente de pornografia procurando por uma dose. Pesquisava a casa dos meus amigos na esperança de que seus pais tivessem em algum lugar um estoque escondido da revista *Playboy*. Quando isso não funcionava, roubava revistas de pornografia das lojas de conveniência.

Mas o prazer dessas fotografias sempre se desvanecia. E na esteira desse prazer efêmero eu lutava com ondas de arrependimento e de culpa. Sentia-me a milhões de quilômetros de estar bem, um bilhão de anos-luz de Deus. Sabia que era cristão. E sabia que Deus me via como perfeito e adorável, exatamente como via seu próprio Filho. Eu sabia de tudo isso. Graça. Amor. Perdão.

Mas não sentia isso. E comecei a ficar cada vez mais deprimido e frustrado comigo mesmo. Prometi a mim mesmo vez após outra que não faria bobagem de novo, só para repetir meus erros.

Finalmente, não aguentei mais. Procurei ajuda. Tinha saído com um amigo que era um cristão dedicado. Do nada, contei-lhe tudo. Minha voz tremia. Confessei que se pudesse olhar pornografia de graça, sabendo que não seria descoberto e que não me sentiria culpado, veria. Pedi-lhe ajuda. Oramos juntos.

E depois — para minha surpresa — meu amigo me disse que ele tinha o mesmo problema. Procuramos um cristão mais velho da nossa igreja e lhe pedimos para nos ajudar. Ele ouviu, aconselhou-nos sabiamente e orou. A primeira coisa que ele nos mostrou foi que não éramos os únicos com esse problema. Não éramos esquisitos.

Aprendi, como adulto, a limitar minhas oportunidades para a tentação. Não entro sozinho na seção de revistas de uma loja. Não tenho determinados catálogos na minha casa. Não assisto sozinho à televisão. Tenho filtros de internet. E mesmo com os filtros, não fico on-line se não tiver mais alguém em casa.

Também leio a Bíblia e escrevo o que aprendi, o que penso que farei de forma diferente por causa das lições aprendidas. Passo tempo em silêncio pedindo a Deus para falar comigo.

E tenho um relacionamento honesto com meus companheiros cristãos. Tenho um amigo em particular com quem falo diariamente. Falamos sobre sexo e pecado e o lixo que nos tenta. Servimos de apoio um para o outro. Ensinamos. Confessamos. E oramos: "Deus, ajuda-me a fazer o que é certo hoje. E ajuda o Tyler também. Salva-nos da pornografia e faze-nos ficar mais perto da perfeição."[1]

A confissão foi boa para Shaun Groves. Também foi boa para o rei Davi, embora ele tenha levado um tempo poderoso para chegar a isso. Esse herói do Antigo Testamento dedicou um período de sua vida a tomar decisões estúpidas, idiotas e ímpias.

Decisão estúpida número 1: Davi não foi para a guerra com seus soldados. Ele ficou em casa com muito tempo de sobra nas mãos e, aparentemente, com romance em mente. Enquanto passeava por sua varanda, ele descobriu a bela Bate-Seba tomando banho.

Decisão estúpida número 2: Davi enviou servos para trazer Bate-Seba a seu palácio e escoltá-la até seu quarto, onde pétalas de rosas cobriam o chão e havia champanhe gelada em um canto. Algumas semanas depois, ela lhe disse que estava grávida.

Decisões estúpidas números 3, 4 e 5: Davi enganou o marido de Bate-Seba, matou-o e comportou-se como se não tivesse feito nada errado. O bebê nasceu, e Davi ainda fingia que tudo estava bem.

Contudo, ele sabia que não estava. Tudo, exceto bem. Então, ele finalmente conversou com Deus sobre o assunto. "Senhor, não me repreendas no teu furor nem me disciplines na tua ira. Pois as tuas flechas me atravessaram, e a tua mão me atingiu. Por causa de tua ira, todo o meu corpo está doente; não há saúde nos meus ossos por causa do meu pecado. [...] Minhas feridas cheiram mal e supuram por causa da minha insensatez. Estou encurvado e muitíssimo abatido; o dia todo saio vagueando e pranteando" (Salmos 38:1-3,5,6).

O pecado não confessado é uma lâmina alojada na alma

Enterre o mau comportamento e espere sofrimento, ponto final. O pecado não confessado é uma lâmina alojada na alma. Você não consegue escapar da miséria que ele cria.

Pergunte a Li Fuyan. Esse chinês tentou todo tratamento imaginável para abrandar suas fortes dores de cabeça. Nada ajudou. Finalmente, um raio X revelou a culpada. Uma lâmina enferrujada de dez centímetros ficou alojada em seu crânio durante quatro anos. Fuyan, em um ataque de um ladrão, sofreu lacerações no lado direito da mandíbula. Ele não sabia que a lâmina tinha quebrado no seu crânio.[2] Não é de admirar que ele tenha sofrido uma dor tão penetrante! (Desculpe, não resisti.)

Não podemos viver com objetos estranhos enterrados em nosso corpo. Ou em nossa alma. O que um raio X de seu interior revelaria? Arrependimento pela forma rude como terminou um relacionamento? Remorso por ter perdido a paciência? Vergonha por um hábito que não consegue abandonar, pela tentação à qual não resiste ou pela coragem que não consegue ter? A culpa fica escondida por trás da superfície, aborrecendo, atormentando. Às vezes, ela está tão entranhada que você não consegue descobrir o motivo.

Você fica taciturno, mal-humorado. Tende a reagir de forma exagerada. Fica com raiva, irritadiço. Você sabe que pode ser melindroso. É compreensível uma vez que tem uma lâmina de vergonha enterrada em sua alma.

SUA HISTÓRIA:

Qual foi a última vez que tentou esconder alguma coisa da qual tinha vergonha?

....

Como você se sentiu com essa experiência?

....

Talvez esteja na hora de acabar com o problema. Como? Confesse. Peça um raio X espiritual. Quando Deus trouxer o mau comportamento a sua mente, concorde com ele e peça desculpas. Deixe-o aplicar graça nas feridas.

Foi isso que Davi fez. Ele, depois de um ano de negação da verdade e de escondê-la, finalmente orou: "Tem misericórdia de mim, ó Deus, por teu amor; por tua grande compaixão apaga as minhas transgressões. Lava-me de toda a minha culpa e purifica-me do meu pecado" (Salmos 51:1,2).

Davi acenou a bandeira branca. Sem mais combate. Sem mais discussão com o céu. Ele ficou limpo com Deus. E você? Talvez seu momento se pareça um tanto com esse do rei de Israel.

A antiga versão de você tentaria fingir que isso nunca aconteceu. É muito tarde agora, certo?

Mas você não é uma antiga versão de você mesmo. A graça está acontecendo, levantando como o sol matinal sobre uma campina invernal, espalhando sombras e derretendo o gelo. Calor. Deus não fica carrancudo quando o vê. Certa vez você achou que ele ficava. Braços cruzados e com raiva, perpetuamente aborrecido. Agora você sabe mais. Fundamentada no amor, a graça do Senhor agarrou você, reprogramou-o e reservou seu espaço no céu. Você pode verdadeiramente se arriscar com Deus.

Mas você não é uma antiga versão de você mesmo. A graça está acontecendo.

Antes de dormir, você diz ao travesseiro para esperar e entra na presença de Jesus.

— Podemos conversar sobre a discussão de hoje? Sinto muito ter reagido como fiz. Fui rude, julgador e impaciente. Você tem me dado tanta graça. Dei tão pouco. Por favor, perdoe-me.

Pronto — não se sente melhor? Não precisa de autorização por escrito nem de discurso perfeito. Só uma oração. É provável que a oração provoque o pedido de desculpa; e é bem possível que o pedido de desculpa preserve uma amizade e proteja um coração. Você pode até mesmo pendurar uma placa na parede do seu quarto com os dizeres: "A graça acontece aqui".

Ou talvez sua oração tenha de sondar mais fundo. Abaixo da camada externa das obras de hoje estão atos do passado não resolvidos. Você, como o rei Davi, tomou uma decisão estúpida atrás da outra. Ficou quando devia ter ido; olhou quando devia ter desviado os olhos; flertou quando devia ter ido embora; machucou quando devia ter ajudado; negou quando devia ter confessado.

Converse com Deus sobre essas lâminas enterradas. Vá a ele como iria a um membro confiável da família. Explique o sofrimento, e revejam juntos o erro cometido. Receba bem o toque curador. E — isso é importante — confie na capacidade dele para receber sua confissão mais que em sua capacidade para fazê-la. O poder da confissão não está na pessoa que a faz, mas com o Deus que a ouve.

> A confissão de más obras é o começo das boas obras.
> —Agostinho

Quando você fizer isso, talvez Deus o envie para conversar com outro cristão. "Confessem os seus pecados *uns aos outros* e orem uns pelos outros para serem curados" (Tiago 5:16; grifo do autor). Tiago nos chama não só a confessar a Deus, mas também a confessar uns aos outros.

As pessoas são atraídas pela honestidade. Você também deve ser. Portanto, encontre um grupo de estudo da Bíblia ou um grupo de jovens com rapazes e moças que acreditam em confessar. Evite reuniões nas quais alguém proclama ser perfeito — você não se ajustará de jeito nenhum ali. Ao contrário, frequente locais em que as pessoas admitam seus pecados e demonstrem humildade. A cura acontece em lugares assim.

Os que confessam encontram uma liberdade que os que negam não encontram.

> Evite reuniões nas quais alguém proclama ser perfeito — você não se ajustará de jeito nenhum ali.

"Se afirmarmos que estamos sem pecado, enganamos a nós mesmos, e a verdade não está em nós. Se confessarmos os nossos pecados, ele é fiel e justo para perdoar os nossos pecados e nos purificar de toda injustiça" (1João 1:8,9).

Oh, a doce certeza destas palavras: "Ele [...] nos *purifica*". Não que ele *pode, podia, poderia ser e tem sido conhecido por* fazer isso; mas ele *purifica* você. Diga a Deus o que você fez. Mais uma vez, não que ele já não saiba, mas vocês dois precisam concordar. Use o tempo que precisar. Compartilhe todos os detalhes que conseguir. Depois, deixe a água pura da graça fluir sobre seus erros.

8

MAIS QUE PERFEITO

Nossos méritos não merecem nada. A obra de Deus merece tudo.

Sete minutos. Esse é todo o tempo que tem para acabar de escrever seu discurso, pentear o cabelo e ir para o palco. O auditório está lotado de colegas, também estudantes, para a assembleia do Dia do Veterano. Seu trabalho é apresentar os palestrantes e dar alguma perspectiva ao evento. Perspectiva? Quem tem perspectiva em um momento como esse? Você está tão estressado, suas mãos estão tremendo. Por que se inscreveu para fazer isso? Por que não escreveu seu discurso na noite passada?

Você sabe a razão para isso. Para conseguir um A em liderança da classe, você precisava de mais créditos em atividades. E para conseguir A em matemática e em inglês, tinha de terminar esses projetos extras para ganhar créditos na noite anterior. Mesmo que isso significasse ficar acordado até as duas da manhã. De novo.

Está sentindo a pressão? Talvez. Há tanta pressão. Pressão dos pais para tirar as notas mais altas e conseguir passar para a melhor faculdade. Pressão em seu emprego de meio período no restaurante para chegar mais cedo, servir mais depressa e sorrir mais. Pressão do professor da banda de música para manter na linha aqueles tocadores de saxofone desordeiros do segundo ano. Pressão de um grupo de amigos para dizer e vestir a coisa certa. Pressão de outro grupo para trabalhar menos e sair mais. Pressão de seus amigos cristãos para participar do grupo de jovens e ficar acordado durante a leitura da Bíblia.

E depois há a pressão que você põe sobre você mesmo. Você sempre foi a criança exemplar, o aluno excelente. Você *quer* ser o melhor. Com certeza, é difícil deixar todos felizes. Mas tudo faz parte do plano. Você só tem de ser perfeito.

É isso que Deus espera, certo?

Os fariseus pareciam achar que sim. Durante o tempo de Jesus na terra, os líderes espirituais da época focavam a observação das regras da religião. Eles oravam quando era hora de orar. Adoravam quando era hora de adorar. Descansavam quando era hora de descansar. Esforçavam-se para impressionar a Deus com sua obediência e dedicação em orientar. Eles se esforçavam para ser perfeitos aos olhos de Deus — e preferiam que todos em torno deles também fossem perfeitos.

Talvez seja por isso que ficaram chateados com o estranho da Galileia. Esse Jesus não seguia as regras. Ele curava quando se esperava que repousasse. Ensinava quando se esperava que ouvisse. Fazia refeições com pessoas que, conforme se esperava, ele deveria evitar.

E ele introduziu uma ideia que não fazia sentido para eles: graça. Ele falava sobre um tíquete para o céu que não era perfurado pelas boas obras, mas pelo arrependimento e pela fé. "Porque Deus tanto amou o mundo que deu o seu Filho Unigênito, para que todo o que nele crer não pereça, mas tenha a vida eterna" (João 3:16).

Alguns anos depois, um carcereiro romano ficou responsável por dois prisioneiros chamados Paulo e Silas. Disseram-lhe para vigiá-los com muita atenção, então, ele os levou para uma cela interna e prendeu os pés deles em correntes. Só que eles não ficaram presos nas correntes. Deus tinha um plano diferente.

"O que devo fazer?" Essa pergunta ecoa através dos séculos.

Naquela noite, um terremoto acordou o sonolento carcereiro. O terremoto também abriu todas as portas e correntes da cadeia. O carcereiro reconhecia um ato de Deus quando via um. Ele, tremendo de susto e medo, caiu diante de Paulo e Silas e perguntou: "Senhores, que devo fazer para ser salvo?" (Atos 16:30).

O que devo fazer? Essa pergunta ecoa através dos séculos. No recôndito mais profundo do nosso coração, entendemos que não merecemos o céu. Não estamos à altura do Todo-poderoso. Somos peças quebradas que valem apenas uma moedinha de areia em um oceano de tesouros — muito longe da perfeição. Por isso, temos dificuldade com essa coisa chamada graça.

Não é que não acreditamos na graça. Acreditamos nela. Acreditamos muito na graça. Só não acreditamos na graça sozinha. Com certeza, pensamos, é preciso mais que a graça para nos salvar. Nós, cheios da graça, sempre queremos fazer a nossa parte. Imaginamos que Jesus *quase* terminou a obra da nossa salvação, mas, com frequência, ele precisa de nossa ajuda. Assim, não nos furtamos de lhe dar essa mãozinha.

SUA HISTÓRIA:

Você acredita somente na graça?

....

Você sempre tenta acrescentar sua obra à graça de Deus? Como?

....

Colecionamos boas obras da mesma maneira que os escoteiros colecionam medalhas de mérito em uma faixa. Guardava a minha pendurada em um gancho no meu armário não para escondê-la, mas para que pudesse vê-la. Nenhuma manhã estaria completa sem uma olhada nessa exibição de excelência. Se você já teve uma faixa com medalhas de mérito dos escoteiros, entende o afeto que eu sentia.

Cada emblema recompensava meu trabalho árduo. Atravessei um lago remando para ganhar a medalha de remo, dei voltas nadando para ganhar a medalha de natação e esculpi um totem para conseguir a medalha de trabalho em madeira. Alguma coisa pode ser mais gratificante que ganhar medalhas de mérito?

Pode sim. Mostrá-las. O que fazia toda quinta-feira quando os escoteiros iam uniformizados à escola de ensino médio. Atravessava o *campus* como se fosse o rei da Inglaterra.

O sistema de medalhas de mérito põe a vida em ordem. As realizações resultam em compensação. Os feitos são aplaudidos. Os colegas me invejam. As meninas desmaiam. Minhas companheiras de classe, com uma demonstração de extremo autocontrole, conseguiam segurar as mãos para não tocar as medalhas. Sabia que elas sonhavam secretamente em correr o dedo pela minha faixa de distintivos e em me pedir para soletrar o nome delas em código Morse.

Tornei-me cristão mais ou menos na mesma época que me tornei escoteiro e presumi que Deus também qualificava as pessoas com um sistema de mérito. O bom escoteiro é promovido. As pessoas boas vão para o céu.

Assim, decidi acumular um monte de distintivos espirituais. Uma Bíblia decorada para a leitura bíblica. Mãos juntas para orar. Uma criança dormindo em um banco da igreja para não faltar ao culto. Os anjos, na minha imaginação, pregavam calorosamente medalhas em meu favor por minhas boas ações. Eles mal conseguiam acompanhar o ritmo do meu desempenho e se perguntavam se uma faixa seria suficiente. "Esse menino Lucado está deixando meus dedos exaustos!" Trabalhava rumo ao dia, ao grande dia em que Deus, em meio a confetes caindo e gritos de celebração, poria minha faixa carregada de medalhas atravessada em meu peito e me daria as boas-vindas em seu Reino eterno, onde exporia humildemente minhas medalhas por toda a eternidade.

Mas surgiram algumas questões espinhosas. Se Deus salva as pessoas boas, o que de fato representa ser "bom"? Deus espera que sejamos íntegros na fala, mas quão íntegros? Qual é a porcentagem máxima permitida? Suponha que a pontuação exigida seja 80 e eu consiga 79. Como você sabe sua pontuação?

Perguntei a respeito disso ao meu pastor. Ele certamente me ajudaria a responder à pergunta: "O que de fato representa ser 'bom'?" Ele fez isso com uma palavra: *faça*. Faça melhor. Faça mais. Faça agora. Faça. Faça. Faça.

Se Deus salva as pessoas boas, o que de fato representa ser "bom"?

É provável que você tenha ouvido uma versão disso de seus pais, professores, amigos e talvez até mesmo de seu pastor. Faça bem e se sentirá bem. Faça mais e será salvo. Continue a fazer até conseguir fazer da forma certa. Continue a fazer até você ficar perfeito.

A maioria das pessoas abraça a ideia de que Deus salva as pessoas boas. Então, seja bom! Seja moral. Seja honesto. Seja agradável. Cumpra suas promessas. Ore cinco vezes por dia. Seja pontual. Faça sua lição de casa. Consiga medalhas de mérito.

Essa era a abordagem de Carla Barnhill em relação à vida — até ela imaginar um jeito melhor.

SE AO MENOS PUDESSE SER PERFEITA

Por Carla Barnhill

Isso aconteceu quando eu tinha 12 anos, mas me lembro do momento como se tivesse acontecido esta manhã. Meu irmão mais velho tinha se metido em encrenca — de novo. Minha mãe e eu estávamos dobrando a roupa lavada e já seca, conversando sobre a situação e como ela estava preocupada com os atos do meu irmão. Então, ela me disse:

— Sei que nunca precisaremos nos preocupar com você, querida.

Bem, minha mãe pretendia fazer um elogio com essas palavras. Sua intenção era me dizer que sabia que eu era bem-comportada e bastante esperta para evitar algumas coisas que tinham complicado meu irmão. Mas, na minha mente, as palavras dela puseram um tremendo peso sobre meus ombros. Quando ela disse:

— Nunca teremos de nos preocupar com você.

Mas, de fato, escutei:

— Certifique-se de que nunca tenhamos que nos preocupar com você.

Essa conversa simples me pôs em uma missão — ser a filha perfeita. Meu objetivo era garantir que meus pais nunca tivessem nenhuma dúvida sobre onde eu estava, o que estava fazendo ou com quem estava. Assim, sempre respeitei o horário de voltar para casa, nunca tomei cerveja, nunca saí com alguém que pudesse me meter em encrenca.

As poucas vezes em que *tive* problemas com meus pais, senti-me péssima. E, embora só tenha dito algumas palavras ríspidas, ainda me sentia como se os tivesse desapontado.

Meu desejo de ser perfeita foi transferido para meu relacionamento com Deus. Honestamente, achava que Deus me amaria mais se frequentasse um grupo de jovens; se fizesse minhas orações; se fosse ao acampamento para estudo da Bíblia. Acreditava que podia impressioná-lo se fizesse todas as coisas cristãs certas. Nem sempre fazia essas coisas porque queria fazê-las. Fazia-as porque queria que Deus achasse que eu era perfeita.

Nem sempre é ruim se esforçar para alcançar a excelência. Fazer nosso melhor faz parte da vida cristã. Voltando ao Antigo Testamento, o povo de Deus foi informado a "apresentar como contribuição ao Senhor a melhor parte, a parte sagrada de tudo o que for dado a vocês" (Números 18:29). Embora Deus esteja falando sobre dízimo e ofertas, sabemos que *toda nossa vida* é uma oferta a Deus e que precisamos dar nosso melhor a ele.

Mas o perfeccionismo é "fazer nosso melhor" por todos os motivos equivocados. O perfeccionismo diz respeito a nós mesmos, não a Deus.

Estava sendo boa porque achava que isso me ajudaria a conseguir amor e aceitação. Se meu comportamento agradasse meus pais, eles me amariam ainda mais. Se meu comportamento agradasse a Deus, conseguiria seu favor. Passei a acreditar que meu valor se baseava em quão boa fosse — e em quão boa os outros achassem que eu era.

Em meu interior, estava estressada. A pressão para ser perfeita era quase demais para conseguir administrar. Mas não achava que podia dizer a alguém como me sentia porque isso seria admitir que não era perfeita. E essa era a última coisa que queria fazer.

Acho que não sou a única pessoa que sente que ser uma boa pessoa — ser uma boa cristã — é a chave para o coração de Deus. Certa vez, uma de minhas amigas me disse que ela não se achava boa o bastante para ser uma cristã. Ela não achava que conseguiria viver à altura das expectativas que todos tinham em relação aos cristãos — sempre ser gentil e nunca se meter em encrencas. Ela via o cristianismo como um clube secreto ao qual só os "bons" pertenciam. Meu esforço para ser uma pessoa perfeita, com certeza, não a ajudou a mudar sua maneira de pensar. Mas se tivesse sido mais honesta a respeito das minhas próprias falhas e lhe mostrado como Deus perdoa, talvez ela tivesse sentido tudo isso de modo distinto.

O perfeccionismo é um jogo perdido. Felizmente, é um jogo que realmente não precisamos jogar. Afinal, Deus estendeu a mão para nós quando estávamos tão afastados dele quanto era possível estar. Ser cristão não diz respeito a ser perfeito; mas a ser perdoado. Assim, podemos relaxar e estar confiantes de que Deus sabe que não somos perfeitos, mas nos ama do mesmo modo.[1]

Há um problema em buscar a perfeição. Tentar ser boa ainda não responde à pergunta fundamental: que grau de bom é suficientemente bom? Nosso destino eterno está em jogo, contudo estamos mais confiantes em relação a receitas de bolo e estatísticas de beisebol que acerca das exigências para entrar no céu.

Que grau de bom é suficientemente bom?

Deus tem uma ideia melhor: "Vocês são salvos pela graça, por meio da fé, e isto não vem de vocês, é dom de Deus" (Efésios 2:8). Não contribuímos com nada. Zero. A salvação da alma, ao contrário das medalhas de mérito do escoteiro, é imerecida. Um dom. Nossos méritos não merecem nada. A obra de Deus merece tudo.

Nos últimos capítulos, você viu como ativar a graça de Deus. Doar. Perdoar. Confessar. Confiar. Mas a salvação é aquela em que você mesmo não *faz* a graça. Ao contrário, não faz nada. Creia e deixe a salvação acontecer para você. Quando você permite que Deus entre, ele faz tudo. Quando a graça do Senhor entra em você, é um novo começo de vida. Pode chamar isso de transplante espiritual de coração.

Tara Storch entende esse milagre tanto quanto alguém pode entender. Taylor, sua filha, era uma aluna popular e bastante ocupada da nono ano. Taylor jogava vôlei e fazia parte da banda. Ela tinha as aulas mais difíceis.

Ela fazia vídeos bobos para o YouTube com seu irmão. Mas, na primavera de 2010, um acidente de esqui tirou a vida de Taylor.

O que se seguiu para Tara e o marido, Todd, foi o pior pesadelo para qualquer pai: um funeral, um enterro, uma enxurrada de perguntas e lágrimas. Decidiram doar os órgãos da filha. Poucas pessoas precisavam de um coração mais do que Patricia Winters. O coração dela começou a falhar cinco anos antes, deixando-a muito fraca para fazer algo mais além de dormir. O coração de Taylor deu a Patricia um novo começo de vida.

A mãe de Taylor só tinha um pedido a fazer: ela queria ouvir o coração de sua filha bater. Ela e o marido, Todd, voaram de Dallas para Phoenix e foram à casa de Patricia. As duas mulheres se abraçaram por um longo tempo, logo Todd se juntou a elas. Após alguns momentos, Tara pegou um estetoscópio, colocou-o contra o peito de Patricia e ouviu o coração de Taylor bater de novo.

— Está tão forte — sussurrou a mãe.

— *Ela* é muito forte — garantiu Patricia.

A mãe e o pai se revezaram para ouvir o coração. Eles ouviram o coração de sua filha ainda batendo, embora estivesse habitando um corpo diferente.[2] Quando Deus ouve seu coração, ele ouve o coração de seu Filho ainda batendo. Como disse Paulo: "Já não sou eu quem vive, mas Cristo vive em mim" (Gálatas 2:20). O apóstolo sentiu nele mesmo não só a filosofia, as ideias ou a influência de Cristo, mas também a pessoa de Jesus. Cristo mudou-se para essa casa nova. Ele ainda faz isso. Quando a graça acontece, Cristo muda-se para nosso ser. "Cristo em vocês, a esperança da glória" (Colossenses 1:27).

Nenhuma outra religião ou filosofia faz uma declaração como essa. Nenhum outro movimento sugere que a presença viva de seu fundador está *em* seus seguidores. Maomé não habita nos mulçumanos. Buda não habita nos budistas. Lady Gaga não reside nem mesmo em seu mais fervoroso fã. Influencia? Instrui? Incita? Sim, isso sim. Mas ocupar? Não, isso não.

Contudo, os cristãos abraçam essa intrincada promessa. "Cristo está em vocês, e isso dá a vocês a esperança de participar da glória de Deus"

(Colossenses 1:27 MSG). O cristão é uma pessoa em quem Cristo está acontecendo. Ele se muda para essa casa nova e sente-se em casa. Sentimos ele se rearranjar. A confusão se transforma em direção clara. As escolhas ruins são substituídas por escolhas melhores. Pouco a pouco surge um novo "eu". "Pois aqueles que de antemão conheceu, também os predestinou para serem conformes à imagem de seu Filho" (Romanos 8:29).

A graça é Deus, como cirurgião cardíaco, abrindo seu peito, tirando seu coração, envenenado com orgulho e dor, e substituindo-o pelo seu próprio coração. O sonho do Senhor não é apenas fazê-lo entrar no céu, mas que o céu entre em você.

Foi isso exatamente o que aconteceu com Patricia Winters. Ela conseguiu um bocadinho do céu na forma do coração de uma menina jovem. Para Patricia, essa foi uma dádiva de vida nova. Uma dádiva que ela não fez nada para merecer. Uma dádiva que significava tudo.

Uma dádiva de graça.

A mesma dádiva confrontou o carcereiro romano abalado pelo terremoto. Lembra-se? Ele perguntou: "Senhores, que devo fazer para ser salvo?" A resposta de Paulo para o carcereiro e para todos que abraçam a graça não tem nada que ver com fazer algo: "Creia no Senhor Jesus, e serão salvos, você e os de sua casa" (Atos 16:31).

Breve. Simples. Todavia, mais profundo que o compêndio mais erudito.

Todos os nossos esforços, lutas, suores e sofrimentos não abrem a porta da salvação. Todas as nossas boas obras não lubrificam os portões do céu. Francamente, fiquei cansado de ficar cansado, de tentar representar meu caminho em uma imagem do cristão perfeito. Antes, desisto e aceito a dádiva da graça.

E você?

Talvez tenhamos de seguir o exemplo dos mineiros chilenos. Presos sob 610m de rocha sólida, os 33 homens ficaram desesperados. O desmoronamento de um túnel principal fechou a saída deles e os lançou no modo de sobrevivência. Eles comiam duas colheradas de atum, um gole de leite e um bocado de pêssegos — todos os dias. Durante dois meses, eles oraram para alguém salvá-los.

Acima, na superfície, a equipe chilena de resgate trabalhava dia e noite sem parar, consultando a NASA e reunindo-se com especialistas. Eles projetaram uma cápsula de quatro metros de altura e perfuraram, primeiro, um buraco de comunicação, depois, escavaram um túnel. Não havia garantia de sucesso. Ninguém nunca ficara preso sob o solo por tanto tempo e sobrevivera para contar a história.

Agora, a história era diferente: alguém sobrevivera.

Em 13 de outubro de 2010, os homens começaram a emergir, celebrando e cantando cânticos de vitória. Um bisavô. Um homem de 44 anos que estava planejando um casamento. Depois, um garoto de 19 anos. Todos tinham histórias diferentes para contar, mas todos tinham tomado a mesma decisão. Eles confiaram em alguém para salvá-los. Ninguém respondeu à oferta de resgate com um discurso de independência:

— Posso sair daqui sozinho. Apenas me dê uma broca nova.

Eles tinham olhado a tumba de pedra por tempo bastante para chegar a uma opinião unânime:

— Precisamos de ajuda. Precisamos que alguém entre nesse mundo e nos puxe para fora.

> A única função da fé é receber o que a graça oferece.
> — John Stott

E quando a cápsula de resgate chegou, eles subiram nela.

Por que temos tanta dificuldade em fazer a mesma coisa?

Achamos mais fácil confiar no milagre da ressurreição que no milagre da graça. Tememos tanto o fracasso que criamos a imagem de perfeição, a fim de que o céu não fique ainda mais desapontado conosco do que nós mesmos estamos com nosso desempenho. O resultado? As pessoas mais desapontadas e exauridas da terra.

As tentativas de autossalvação não garantem nada além de exaustão. Corremos e nos apressamos na tentativa de agradar a Deus, colecionando medalhas de mérito, conquistando favor aos olhos de outros e olhando de cara feia para qualquer um que questione nossas realizações. Chamam-nos de a igreja com cara de cão de caça e ombros curvados.

Chega. Chega dessa tentativa frenética de ser perfeito. "É bom que o nosso coração seja fortalecido pela graça, e não por alimentos cerimoniais" (Hebreus 13:9). Afinal, Jesus não nos diz: "Venham a mim, todos vocês que são perfeitos e sem pecados". Mas exatamente o oposto disso. "Venham a mim, todos os que estão cansados e sobrecarregados, e eu lhes darei descanso" (Mateus 11:28).

As tentativas de autossalvação não garantem nada além de exaustão.

Não há nenhuma boa impressão. Não é um truque de mágica. A promessa de Deus não contém nenhuma linguagem velada nem sentido obscuro. Deixe a graça acontecer por causa do céu. Sem pressão. Sem desempenho. De todas as coisas que você deve ganhar na vida, o afeto interminável de Deus não é uma delas. Você já o tem.

Se você me perguntar o que acho disso, direi que isso soa perfeito.

PARTE 3

O CAMINHO PARA CASA

9

VOCÊ FAZ PARTE

"Eu, Deus, fiz minha escolha. Escolhi que você faça parte da minha família para sempre."

Imagine que você está sujo, cansado e faminto. Você esteve em um trem abarrotado de gente durante os últimos três dias. Estava rodeado de pessoas, mas não conhecia nenhuma delas. Seus pais estão mortos; e seu irmão e sua irmã, desaparecidos. Você não tem posses, conexões, família nem futuro.

Está sozinho no mundo.

Agora, você e uma multidão de crianças e jovens igualmente sujos e assustados estão enfileirados em uma plataforma suja como gado em um leilão. Um grupo de pessoas locais — fazendeiros, pela aparência deles — olham-no de alto a baixo. Um caminha em sua direção. Com dedos calejados ele puxa seus lábios para baixo e resmunga:

— Os dentes estão bons.

A seguir, ele bate em sua barriga.

— Não, magro demais. Quem sabe o próximo.

Bem-vindo à vida no Trem do Órfão.

Entre 1854 e 1929, aproximadamente 1.200 órfãos e crianças abandonadas nas cidades do Leste foram colocadas em trens para o Oeste e viajaram pelos Estados Unidos em busca de lares e famílias. Muitas crianças perderam os pais em epidemias. Outras eram crianças de imigrantes passando por apuros financeiros. Algumas eram órfãs da Guerra Civil, outras, do álcool.

Mas todas elas precisavam de um lar. Elas, apertadas em trens em grupos de trinta a quarenta, paravam em áreas rurais para inspeções. Pais em potencial faziam perguntas, apalpavam e espetavam. As crianças, se fossem selecionadas, iam para sua casa. Se não fossem as preferidas, voltavam para o trem.

Lee Nailling recorda a experiência. Ele estava vivendo havia dois anos no Jefferson County Orphan Home quando, aos oito anos de idade, foi levado com os dois irmãos mais novos para uma estação ferroviária na cidade de Nova York. No dia anterior, o pai biológico entregara a ele um envelope cor-de-rosa que continha seu nome e endereço. Ele havia dito ao garoto que escrevesse assim que chegasse ao destino. O garoto colocara o envelope no bolso do casaco, assim ninguém poderia tirá-lo dele. O trem embarcou para o Texas. Lee e os irmãos adormeceram. Quando acordou, o envelope havia sumido. Ele nunca mais o viu.

Amaria dizer que o pai de Lee acabou por encontrá-lo. Que o homem, não querendo passar nem mais um segundo sem os filhos, vendeu tudo que tinha para poder reunir a família. Amaria descrever o momento em que Lee ouviu o pai dizer:

— Filho, sou eu! Vim por você!

A biografia de Lee Nailing, no entanto, não contém esse evento.

Mas a sua tem.

Muito antes que [Deus] estabelecesse os fundamentos da terra, ele já pensava em nós e nos escolheu como alvo do seu amor, para nos fazer completos e santos por meio desse amor. Há muito tempo ele decidiu nos adotar em sua família, por meio de Jesus Cristo. (E que prazer ele teve em planejar tudo isso!) (Efésios 1:4-5 MSG)

Há algo em você que Deus ama. Não aprecia ou aprova apenas, mas ama. Você faz os olhos dele se arregalarem, o coração bater mais rápido. Ele o ama. Aceita-o. Quer desesperadamente você em sua família.

Não é verdade que todos nós ansiamos ser amados e aceitos? Fazer parte de algo bom?

Um menino chamado Brian ansiava por isso.

Brian era um aluno de ensino especial em uma escola de ensino médio, a maioria de seus colegas de classe costumava importuná-lo e rir dele, até que outro aluno, Mike, disse-lhes que parassem com aquilo. A partir daquele momento, Mike passou a ter um novo amigo.

Mais adiante naquela semana, Mike convidou Brian para ir a sua casa jogar videogame. Brian ficou fazendo perguntas sobre Deus e sobre o porquê de Mike ser diferente dos outros meninos. Mike explicou que Deus amava Brian do jeito que ele era, que ele enviara Jesus para a terra a fim de morrer na cruz, ressuscitar da morte e tornar possível que todos, se cressem, passassem a eternidade no céu. Mike mostrou versículos na Bíblia para Brian sobre o amor de Deus. Mike não sabia se Brian tinha entendido tudo que ele disse, mas quando ele terminou, Brian estava preparado para orar. Brian, com a ajuda de Mike, confessou que era um pecador e convidou Deus a entrar em seu coração.

— Brian — disse Mike —, se você pretendia dizer as palavras que acabou de dizer, onde Jesus está neste momento?

— Ele, agora, está aqui — disse Brian apontando para o próprio coração.

A seguir, Brian fez algo que Mike nunca esqueceria. Ele apertou a Bíblia no peito, deitou e deixou as lágrimas fluírem pelos lados de suas bochechas. O que Mike não sabia era que o pai de Brian largara a família quando ele tinha cinco anos. Naquele dia, enquanto Brian estava de pé no pórtico, seu pai lhe disse que estava indo embora porque não conseguia mais lidar com o fato de ter um filho como ele. A seguir, ele saiu da vida de Brian e nunca mais foi visto.

Brian tinha estado à procura do amor de um pai desde aquela época. Ele só queria ser aceito.

Brian, naquele dia na casa de seu amigo, encontrou o que estava procurando.[1]

Tantas mensagens nos dizem que não pertencemos. Somos desligados do time de basquete. Tirados da lista de honra. Excluídos da lista de convidados para dormir na casa de algum amigo. Tudo, desde acne a Alzheimer, acaba por nos deixar nos sentindo como um jovem sem par para a festa de formatura.

Reagimos. Validamos nossa existência com um turbilhão de atividades. Fazemos mais, compramos mais, realizamos mais. Tentamos dizer as coisas certas, conseguir a aparência certa, sair com as pessoas certas. Tentamos nos encaixar. Tudo isso é uma forma de fazer a pergunta que arde em nosso coração:

— Será que faço parte, que pertenço?

Deus tem uma resposta. Sua graça — excessiva, fantástica, transbordante, expandindo-se além das estrelas e voltando de novo — é a resposta definitiva:

— Seja abençoado, meu filho. Eu o amo, o aceito. Adotei você na minha família.

> Deus é amor. Ele não precisava de nós, mas nos queria. E essa é a verdade mais maravilhosa em nossa vida.
>
> — Rick Warren

Filhos adotivos são filhos escolhidos. Não é o que acontece com filhos biológicos. Quando o médico entregou Max Lucado a Jack Lucado, meu pai não tinha outra saída. Nenhuma escapatória. Nenhuma escolha. Ele não podia me devolver ao médico e pedir um filho mais bonito ou mais esperto. O hospital o fez me levar para casa.

Mas se você foi adotado, seus pais o escolheram. Gravidezes de surpresa acontecem. Mas adoções de surpresa? Nunca ouvi falar de uma. Seus pais podiam ter escolhido o sexo, a cor ou os ancestrais diferentes. Mas os pais adotivos escolheram você.

Eles queriam você na família deles.

Você objeta:

— Bem, se eles tivessem podido ver o resto da minha vida, podiam ter mudado de ideia.

Exatamente meu ponto.

Deus viu sua vida inteira do início até o fim, do nascimento ao caixão, e ele, apesar do que viu, ainda sonha em ter você ao lado dele. Mesmo com suas faltas e falhas. A despeito de suas trapalhadas e de seus passos errados. Ele ainda está de pé perto de você, de braços abertos, pronto para abraçá-lo com amor de Pai.

Annie, uma aluna do final do ensino médio, tem uma ideia de como é isso.

BRAÇOS ESTENDIDOS

Por LaDonna Gatlin

A manhã começou de um jeito incomum. Nossa filha, Annie, afastou-se do meio-fio da nossa casa em seu pequeno Mustang preto e foi para a escola exatamente como fez todas as outras manhãs daquele fim de semestre. Ela estava no último ano do ensino médio na nossa escola no subúrbio de Dallas e estaria na primeira classe a se formar no novo século. Annie estava realmente gostando de seu último ano e estava ansiosa para ir para a faculdade, onde planejava se tornar uma professora de ensino médio.

Às nove e meia, estava tomando minha segunda xícara de café e verificando meus e-mails no escritório de casa. O telefone tocou. A enfermeira da escola disse:

— Annie está aqui na minha sala, e ela precisa lhe dizer uma coisa.

Bem, um bolo imenso subiu na minha garganta quando minha filha pegou o telefone. Em meio aos soluços dela, mal conseguia imaginar o que ela estava dizendo, mas não restou a menor dúvida quanto ao que ouvi a seguir:

— Mamãe, estou grávida.

Reprimi um soluço meu e disse:

— Venha para casa, querida, apenas venha para casa.

Telefonei imediatamente para meu marido, Tim. Ele estava a caminho da igreja na qual é pastor e ministro de louvor e adoração. Dei-lhe a notícia em meio a lágrimas, e ele voltou para casa.

Alguns minutos depois, ouvi a porta da garagem abrir, sinalizando que Tim chegara. Olhei pela janela da sala de estar e aquele pequeno Mustang preto estava parando no meio-fio em frente de casa. Tim saiu depressa da porta da garagem e abriu a porta da frente bem a tempo de Annie correr e ir para os braços abertos do pai. Fiquei ali, maravilhada, chorando, observando os dois em um abraço silencioso que realmente dizia tudo: "Amo você. Perdoo você. Estou aqui para você."

Nossa filha formou-se com sua classe em 19 de maio e, em 12 de julho, deu à luz o nosso primeiro neto, um menino de 3,85kg. Minutos depois de ele ter nascido, ela entregou-o para o pai dela, que estendeu os braços para ele. À medida que acariciávamos essa nova vida, soubemos, sem a menor sombra de dúvida, que nossas maiores bênçãos podem vir por meio de circunstâncias que nunca sonhamos experimentar. Cabe a nós amarmos incondicionalmente e estarmos preparados e com os braços estendidos.[2]

Todos nós temos um Pai que nos ama dessa maneira. Podemos viver "como filhos [adotados], por meio do qual clamamos: 'Aba, Pai'. [...] Se somos filhos, então somos herdeiros; herdeiros de Deus e co-herdeiros com Cristo" (Romanos 8:15,17).

É realmente simples assim. Aceitar a graça de Deus é aceitar a oferta de Deus de ser adotado em sua família.

Sua identidade não está nos amigos, nas posses, nos talentos, nas tatuagens, nas notas nem nas realizações. Você, tampouco, é definido pelo divórcio ou pela dívida de sua família nem por suas escolhas insensatas. Você é filho de Deus. Começa a chamá-lo de "Pai". Você tem "livre acesso a Deus em confiança" (Efésios 3:12). Recebe as bênçãos de seu amor (1João 4:9-11) e provisão (Lucas 11:11-13) especial. E herdará as riquezas de Cristo e reinará para sempre com ele (Romanos 8:17).

> Aceitar a graça de Deus é aceitar a oferta de Deus de ser adotado em sua família.

A adoção é horizontal e vertical. Você está incluído na família eterna. As paredes divisórias de hostilidade são derrubadas e a comunidade é criada com base em um pai comum. Família instantânea mundial!

Em vez de ficar imaginando motivos para sentir-se bem com relação a si mesmo, confie no veredito de Deus. Se Deus o ama, é porque você deve ser digno de amor. Se ele quer tê-lo no Reino dele, então é porque você deve ser digno disso. A graça de Deus convida-o — não, exige de você — a mudar de atitude sobre si mesmo e tomar partido de Deus contra seus próprios sentimentos de rejeição.

> Deus ama cada um de nós como se houvesse apenas um de nós.
>
> — Agostinho

SUA HISTÓRIA:

Em uma escala de 1 a 10, com 10 sendo "pertenço completamente", quanto você acha que pertence a sua família?

....

E quanto à família de Deus?

....

Há muitos anos viajei para a casa de minha mãe no oeste do Texas para visitar meu tio. Ele viera da Califórnia para visitar o túmulo de meu pai. Ele não conseguira ir ao funeral alguns meses antes.

Tio Billy lembrou-me de meu pai. Eles eram tão parecidos: corpulento, compleição com aspecto sadio. Rimos, conversamos e rememoramos. Quando chegou a hora de eu partir, tio Billy seguiu-me até o carro. Paramos para nos despedir. Ele levantou as mãos e as colocou sobre meus ombros, dizendo:

Nunca superamos nossa necessidade do amor de um pai.

— Max, quero que saiba que seu pai tinha muito orgulho de você.

Contive minha emoção até sair dali. Então, comecei a chorar como um garoto de seis anos.

Nunca superamos nossa necessidade do amor de um pai. Estamos condicionados a recebê-lo. Posso ser o tio Billy da sua vida? A mão no seu ombro é minha. As palavras são de Deus. Receba-as lentamente. Não as filtre, resista, subestime ou desvie delas. Apenas as receba.

Meu filho, quero você em meu novo Reino. Aboli suas ofensas como as nuvens da manhã; seus pecados, como a névoa da manhã. Redimi-o. A transação está selada; o assunto está resolvido. Eu, Deus, fiz minha escolha. Escolhi-o para ser parte da minha família para sempre.

Deixe que essas palavras cimentem em seu coração a confiança profunda, satisfatória e dissipadora de medos de que Deus nunca deixará você. Você pertence a ele.

Lee Nailling teve essa experiência de segurança. Lembra-se do garoto de oito anos, órfão, que perdeu a carta do pai? As coisas pioraram antes de melhorarem. Ele e os dois irmãos foram levados para várias cidades. No sexto dia, alguém adotou um dos irmãos em uma pequena cidade do Texas. Em seguida, uma família escolheu Lee e o outro irmão. Mas logo Lee foi enviado a outro lar, o lar de uma família rural, mas ele nunca estivera em uma fazenda antes. O garoto da cidade não sabia que não podia abrir as portas dos galinheiros. Quando Lee fez isso, o fazendeiro, furioso, o mandou embora.

Lee, em uma sucessão de tristes eventos, tinha perdido seu pai, viajado em um trem de Nova York até o Texas, fora separado dos dois irmãos e fora mandado embora de duas casas. Seu coraçãozinho estava para se partir. Finalmente, ele foi levado para a casa de um homem alto e uma mulher baixa e rechonchuda. Durante o primeiro jantar, Lee não disse nada. Ele foi para a cama fazendo planos para fugir. Na manhã seguinte, eles o assentaram para um café da manhã com biscoitos e caldo de carne. Ele esticou a mão para pegar um... até a sra.Nailling o parar. O que ele tinha feito de errado dessa vez?

— Primeiro, damos graças — disse a sra. Nailling. Ela abaixou a cabeça. O sr. Nailling também. A seguir, a sra. Nailling, com uma voz serena, agradeceu ao "Pai nosso" pelo café da manhã, pelo novo dia e "pelo privilégio de criar um filho".

Lee não tinha certeza se ouvira direito. Um privilégio? Ele? Ele olhou fixo para a mulher do outro lado da mesa. Ela sorriu de volta. Até mesmo o sr. Nailling começou a sorrir. Afinal, Lee não estava encrencado. Alguma coisa estranha estava acontecendo.

Lee ouvira a sra. Nailling falar de "nosso pai". Quando os pregadores iam ao orfanato, eles falavam sobre "nosso Pai que está no céu". Mas os Nailling falaram como esse Pai estivesse bem ali na sala com eles. Lee percebeu uma cadeira vazia ao lado dele e ponderou: *Talvez de alguma maneira ele estivesse ali.*

— Ajude-nos a fazer as escolhas certas enquanto o orientamos — orou a sra. Nailling — e ajude-o a também fazer as escolhas certas.

Lee percebeu que ela estava falando dele. Ele estava tão ocupado pensando em tudo isso que mal ouviu o sr. Nailling dizer:

— Coma à vontade, filho.

Lee amontoou biscoitos em seu parto e avaliou suas escolhas. Ódio. Raiva. Fugir. Seria possível que houvesse outra opção?

Mais tarde naquela manhã, os Nailling e Lee foram dar uma caminhada. O plano era levar Lee para cortar o cabelo, mas os Nailling, aparentemente, não tinham pressa, uma vez que visitaram cada uma das seis casas que ficavam ao longo do caminho. Na primeira parada, os Nailling apresentaram Lee como "nosso novo filho". Isso aconteceu de novo na segunda casa. E na terceira. Na verdade, em cada uma das casas.

Na hora em que os Nailling e Lee finalmente chegaram à barbearia, ele já havia decidido sobre a escolha que faria. Ele não fugiria. Ele tinha encontrado uma casa... e talvez alguma coisa ainda melhor. Embora tivesse perdido um pai, parecia que agora tinha mais dois. Dois pais que podiam simplesmente amá-lo.

Lee tinha o sentimento de que pertencia a esse casal.[3]

Viver como filho de Deus é saber que, neste instante, você é amado pelo Criador não porque você tenta agradá-lo e ter sucesso, ou fracassa em agradá-lo e desculpa-se, mas porque ele quer ser seu Pai. Nada mais. Todos os seus esforços de ganhar a afeição dele são desnecessários. Todos os seus medos de perder a afeição dele são sem necessidade. Você não pode fazê-lo querer você mais do que você pode convencê-lo a abandoná-lo.

A adoção é irreversível. Você tem um lugar à mesa.

10

CERTAMENTE SALVO

Confie nisto: Deus se apegou mais a você do que você a ele.

Esperar em fila. Essa é uma cena familiar. Ficamos de pé e esperamos para tomar o ônibus, para entregar nossos testes, para conseguir outra porção de café e queijo. Trocamos o pé de apoio. Reprimimos bocejos. Esses são os momentos maçantes dos nossos dias.

No entanto, quando a espera é por algo empolgante, o maçante se transforma em desespero. Sobretudo se for para um show que estamos morrendo de vontade de ver. Sobretudo se a fila não estiver andando, e a entrada para o show estiver quase esgotada. Sobretudo se nossos amigos já entraram. "Vamos! O que está atrapalhando? Devíamos estar andando."

Muitos cristãos vivem com um tipo parecido de ansiedade. Por quê? Eles estão preocupados com a eternidade. *Acham* que estão salvos, *esperam* estar salvos, mas ainda duvidam, perguntando-se: "Estou realmente salvo?"

Essa é uma pergunta universal. As crianças e os jovens que aceitam Cristo fazem essa pergunta. Os rebeldes perguntam isso. Essa pergunta vem à tona no coração do lutador. Ela penetra nos pensamentos do moribundo. Quando esquecemos nosso juramento a Deus, será que ele nos esquece? Nosso bilhete de entrada ainda é válido, ou as portas do céu se fecharam?

Nosso comportamento nos dá motivo para especular. Um dia, estamos fortes, mas, no seguinte, estamos fracos. Dedicados uma hora, faltosos na seguinte. Crendo e, depois, descrendo. Nossa vida reflete uma corrida em uma montanha-russa, cheia de altos e baixos.

A sabedoria comum desenha uma linha no meio dessas ondas. Trabalhe acima dessa linha e desfrute a aceitação de Deus. Mas afunde abaixo dela e espere encontrar na eternidade uma placa escrita "sem vaga". Nesse modelo, a pessoa está perdida e é salva várias vezes em um dia, estando, de forma costumeira, no Reino e fora dele. A salvação se torna uma questão de sincronismo e senso de oportunidade. Você simplesmente espera morrer em uma fase ascendente. Não há nenhuma segurança, estabilidade ou certeza.

Esse não é o plano de Deus. É verdade, ele desenha a linha. Mas a desenha abaixo de nossos altos e baixos. A linguagem de Jesus não podia ser mais firme: "Eu lhes dou a vida eterna, e elas jamais perecerão; [por toda a eternidade as minhas ovelhas não serão de maneira alguma destruídas;] ninguém as poderá arrancar da minha mão" (João 10:28).

Jesus prometeu uma vida nova que não podia ser perdida nem ter fim. "Quem ouve a minha palavra e crê naquele que me enviou tem a vida eterna e não será condenado, mas já passou da morte para a vida" (João 5:24). As pontes são queimadas e a transferência, realizada. Os fluxos e refluxos continuam, mas eles nunca nos desqualificam. Os altos e baixos podem marcar nossos dias, mas nunca nos banem do Reino de Deus. Jesus apresenta o resultado final de nossa vida com a graça.

> Jesus prometeu uma vida nova que não podia ser perdida nem ter fim.

Ainda mais, Deus faz valer seus direitos em relação a nossa vida: "[Deus] nos selou como sua propriedade e pôs o seu Espírito em nossos corações como garantia do que está por vir" (2Coríntios 1:22). Você faz algo parecido: grava seu nome em um anel de valor, escreve sua identidade em um livro ou no iPad. Os vaqueiros marcam o gado com ferro e fogo a fim de que este estampe a marca da fazenda. A marca declara a propriedade.

Deus, por intermédio de seu Espírito, marca-nos. Os pretensos compradores são repelidos pela presença do nome dele. Satanás é afastado pela declaração: *Tire as mãos. Esse filho é meu! Eternamente, Deus.*

A salvação oscilante, do tipo salvo e não salvo, não aparece na Bíblia. A salvação não é um fenômeno repetido. A Escritura não traz nenhum exemplo de uma pessoa que foi salva e, depois, perdeu-se, foi salva de novo e, depois, perdeu-se de novo.

Onde não há certeza de salvação, não há paz. Nenhuma paz significa nenhuma alegria. Nenhuma alegria resulta em vida baseada no medo. Será que essa é a vida criada por Deus? Não, não é mesmo. A graça cria uma alma confiante que declara: "Sei em quem tenho crido e estou bem certo de que ele é poderoso para guardar o meu depósito até aquele dia" (2Timóteo 1:12).

Graça é a dádiva de nos sentir seguros de que nosso futuro, até mesmo nossa morte, se revelará mais esplêndido do que ousamos imaginar.

— Lewis Smedes

SUA HISTÓRIA:

Em uma escala de 1 a 10, com 10 sendo "absolutamente certo", quão confiante você está de ir para o céu para ficar com Deus?

....

No que você fundamenta sua resposta?

....

De tudo que não sabemos na vida, sabemos isto: seguramos um bilhete de entrada. Confie nisto: O Senhor se apegou mais a você do que você a ele. A fidelidade de Deus não depende da sua. O desempenho dele não é estabelecido pelo seu. O amor dele não está associado ao seu próprio. Sua vela pode bruxulear, mas não vai apagar.

A fidelidade de Deus não depende da sua.

Acha difícil acreditar nessa promessa? Os discípulos achavam.

Jesus, na noite anterior à sua morte, fez este anúncio: "Ainda esta noite todos vocês me abandonarão. Pois está escrito: '*Ferirei o pastor, e as ovelhas do rebanho serão dispersas*'. Mas, depois de ressuscitar, irei adiante de vocês para a Galileia" (Mateus 26:31,32; grifo do autor).

Nessa altura, os discípulos conheciam Jesus havia três anos. Eles tinham passado mil noites com ele. Conheciam sua forma de caminhar, sua inflexão de voz e seu senso de humor. Tinham sentido o odor do seu hálito, ouvido seu ronco e o observado palitar os dentes depois do jantar. Tinham testemunhado os milagres que conhecemos e incontáveis mais que não conhecemos. Eles desenrolaram as vestes fúnebres de Lázaro — aquele que estava morto. Viram a lama cair dos olhos de um homem que era cego. Durante três anos, esses recrutas escolhidos a dedo desfrutaram da maior exibição do céu nos assentos centrais da primeira fileira. E como eles responderiam a essa experiência? "Todos vocês me abandonarão", disse-lhes Jesus. Dar as costas. Fugir. As promessas deles derreteriam como cera na calçada durante o verão. As promessas de Jesus, no entanto, permaneceriam firmes. "Mas, depois de ressuscitar, irei adiante de vocês para a Galileia" (v. 32). Tradução? "A queda de vocês será grande, mas minha graça será maior. Tropecem, eu os amparo. Dispersem-se, eu os reúno. Deem-me as costas, eu me voltarei na direção de vocês. Vocês me encontrarão esperando-os na Galileia."

A promessa de Pedro se dissipou no ar. "Ainda que todos te abandonem, eu nunca te abandonarei" (v. 33).

Não foi um dos melhores momentos de Pedro. "Ainda que todos..." Arrogante. "Eu nunca te abandonarei." Autossuficiente. A confiança de Pedro estava em sua própria força. Contudo, a força de Pedro *desempedrou*, dissipou-se. Jesus sabia isso. "Simão, Simão, Satanás pediu vocês para peneirá-los como trigo. Mas eu orei por você, para que a sua fé não desfaleça. E quando você se converter, fortaleça os seus irmãos" (Lucas 22:31,32).

Satanás atacaria Pedro e o testaria. Mas Satanás nunca reivindicaria Pedro. Por quê? Porque Pedro era forte? Não, porque Jesus era forte. "Eu orei por você." As orações de Jesus por um dos seus deixa Satanás paralisado. Essa pessoa pode tropeçar durante um tempo, mas não cairá definitiva e completamente.

Jesus também ora por você. "Pai santo, protege-os em teu nome, o nome que me deste, para que sejam um, assim como somos um. [...] Minha oração não é apenas por eles. Rogo também por aqueles que crerão em mim, por meio da mensagem deles." (João 17:11,20). Nossa fé diminui, nossa decisão fica abalada, mas não caímos definitiva e completamente.

> Se pudesse ouvir Cristo orando por mim na sala ao lado, não temeria um milhão de inimigos.
>
> — Robert Muray McCheyne

Algumas pessoas tiram vantagem dessa garantia? Elas, sabendo que Deus as amparará se caírem, podem cair de propósito? Bem, elas podem fazer isso durante algum tempo. Mas à medida que a graça chega ao âmago do ser dessas pessoas, que o amor e a bondade de Deus as penetram, elas mudam. A graça estimula a obediência.

Considere a história de um menino que deu as costas a tudo.

NÃO ESTAVA PREPARADO PARA UM FILHO PRÓDIGO

Por Gigi Graham Tchividjian

Apenas cinco anos atrás me perguntava se veria meu amado filho de novo. Tullian era nosso filho pródigo. Seu pai, Stephan, e eu lhe demos tudo que podíamos. Nós o amávamos muitíssimo, mas ele escolheu desconsiderar seu ensinamento e treinamento e dar as costas a tudo que oferecíamos. Não tivemos escolha a não ser pedir que ele saísse de casa — aos 16 anos.

Jamais esquecerei o dia em que ele saiu de casa. Fiquei de pé na porta, observando meu filho descer vagarosamente a entrada de carro e sair para a rua. Então, com o coração pesado como chumbo, relutante, virei-me para entrar em casa.

Forcei-me a consumar os movimentos para fazer o jantar e as tarefas noturnas. Quando finalmente me arrastei para a cama, fiquei deitada ali, acordada, chorando e pensando. "Onde ele está? Ele jantou? Tem um lugar para dormir? Podíamos ter feito as coisas de outro jeito? *Ele voltará para casa de novo*?"

Rememorei os meses antes desse dia. Os altos e baixos, as emoções, as palavras duras, as frustrações, a desobediência, a desonestidade, as discussões, as longas noites... sentada esperando, especulando, preocupando-me, perguntando: "Por quê?" Por que nosso filho escolhera ser rebelde? Ele podia ter um lar caloroso e amoroso, conforto físico, educação, uma herança piedosa. Tínhamos desejado esse filho, orado por ele, e ficáramos muitíssimo felizes com a chegada dele. Tullian tinha sido uma criança que gostava de diversão, alegre e feliz. Costumávamos chamá-lo de nosso "raio de sol".

Não estava preparada para um filho pródigo. No fim, quando aceitei o fato de que Deus amava meu filho ainda mais que eu, consegui entregar Tullian a ele. Mas, à medida que os anos iam e vinham, eu ainda estava desencorajada. Minhas esperanças aumentavam apenas para vir a ruir em amargo desapontamento. Ficava tentada vez após outra a tentar fazer o trabalho de Deus por ele. Então, poderia clamar as palavras do antigo hino: "Oh, pela graça confiar mais nele!" E em resposta ouviria uma voz calma e baixa dizer no fundo do meu coração: "Amor e paciência... amor e paciência."

Não tive problema com a parte do amor. Afinal, sou mãe. Mas tive muitos problemas com a paciência. Minha mãe me lembrou que, ao lidar com um Deus onisciente, todo amoroso e todo-poderoso, tinha de orar não só com persistência, mas também com paciência.

Passaram-se mais anos. Então Tullian, de forma totalmente inesperada, em um domingo pegou a namorada pela mão, e, do alto da galeria da nossa igreja, eles foram à frente para entregar a vida a Jesus Cristo.

Fui completamente dominada pela alegria — mas ainda estava um pouquinho cética. Não queria que minhas esperanças fossem frustradas de novo. Esperei e observei. À medida que as semanas se transformaram em meses, víamos esse homem jovem crescer e amadurecer em um dedicado e sincero filho de Deus.

Recentemente, ele escreveu estas palavras para um amigo cristão mais velho:

> As coisas ficaram realmente difíceis depois da última vez que o vi. Toda a minha vida foi para o brejo. Sentia-me realmente distante do Senhor. As drogas, o álcool, o sexo, essa bagunça toda. Saí da escola, fui expulso de casa; as coisas não podiam ter ficado piores.
>
> Mas não quero continuar falando das coisas ruins. Quero lhe contar o que o Senhor fez por mim. Depois de passar por um estilo de vida vazio e cheio de reviravoltas, entreguei o controle total de minha vida ao Senhor. Que transformação. As coisas pelas quais costumava viver não têm mais nenhu-

ma importância. As coisas das quais costumava fugir, agora anseio por elas.

Deus não é bom? Ele tem sido tão paciente comigo. Ele nunca desistiu de mim. Pela primeira vez na minha vida, senti paz e contentamento. Não me preocupo com nada. Sou uma pessoa totalmente diferente.

Isso mesmo, nosso filho pródigo voltou.[1]

A paciência de Deus estimulou a santidade de Tullian. A graça fantástica e inextinguível de Deus faz a mesma coisa por nós. Se você já se pegou pensando "posso fazer o que quiser porque Deus me perdoará", então a graça não está acontecendo para você. Egoísmo... talvez. Arrogância... com certeza. Mas... graça? Não, de modo algum. A graça cria a resolução de fazer o bem, não a permissão para fazer o mal.

Deixe a graça confortá-lo. Olhe para Cristo, para seu início e fim. Ele o sustentará. E ele não abandona seus entes queridos. Você tem algum familiar pródigo? Anseia que seu pai ou sua mãe volte para Deus? Tem um amigo cuja fé está ficando cada vez mais fria? Deus os quer de volta mais que você. Continue a orar, mas não desista.

> A lei me informa quão deformado e corrompido sou; a graça vem e me endireita.
>
> — Dwight L. Moody

Barbara Leininger não desistiu. Ela e a irmã, Regina, eram filhas de imigrantes alemães que tinham se estabelecido na Pensilvânia colonial. Um dia do outono de 1755, as irmãs estavam na cabana da fazenda com o irmão e o pai quando dois guerreiros índios abriram a porta com golpes. Muitos dos nativos da região eram amigáveis, mas esse par não o era. Barbara, 11 anos, e Regina, nove anos, agacharam-se juntas enquanto o pai veio à frente. Sua esposa e o segundo filho tinham ido passar o dia no moinho. Eles estavam seguros, mas suas duas filhas não estavam.

Ele ofereceu alimento e fumo para os índios. Disse para as meninas trazerem um balde de água, pois os homens deviam estar com sede. Quando as meninas correram porta afora, ele falou em alemão com elas e lhes disse para não voltarem até os índios terem ido embora. Elas correram para o riacho ali perto. Enquanto estavam tirando água do riacho, ouviram um tiro. Elas se esconderam na grama e viram quando a cabana ficou em chamas. O pai e o irmão não saíram nunca, os dois guerreiros saíram.

Eles encontraram as meninas escondidas na grama e as puxaram. Logo apareceram outros guerreiros e outros cativos. Barbara percebeu que ela e Regina eram apenas duas de muitas crianças que tinham sobrevivido a um massacre. Os dias se transformaram em semanas enquanto os índios faziam os cativos marcharem na direção oeste. Barbara fez o que pôde para ficar perto de Regina e manter o espírito delas para cima. Ela trouxe à lembrança de Regina a canção que a mãe delas cantava para elas:

> Sozinha, contudo, não estou sozinha
> Embora nesta solidão tão sombria
> Sinto meu Salvador sempre perto;
> Ele vem me encorajar nas horas de fraqueza.
> Estou com ele, e ele está comigo,
> Portanto, não estou sozinha.[2]

À noite, as meninas cantavam essa cantiga uma para a outra enquanto caíam no sono. Elas, contanto que estivessem juntas, acreditavam que podiam sobreviver. No entanto, a certa altura, os índios se dispersaram, separando as irmãs. Barbara tentou se agarrar a Regina e só soltou a mão da irmã sob ameaça de morte.

As duas meninas foram encaminhadas em direções opostas. A jornada de Barbara continuou durante diversas semanas, cada vez mais floresta adentro. Finalmente, apareceu uma vila indígena. Ficou claro que ela e as outras crianças tinham de esquecer os costumes dos pais. Não era permitido falar inglês, só o iroquês. Elas cultivavam os campos e curtiam couros. Vestiam camurça e calçavam mocassins. Ela perdeu todo contato com sua família e seus companheiros colonizadores.

Três anos depois, Barbara fugiu. Ela correu através das florestas durante 11 dias, conseguindo finalmente alcançar a segurança no Forte Pitt. Ela implorou aos oficiais que enviassem um grupo de resgate para procurar Regina. Eles lhe explicaram que essa missão seria impossível e fizeram arranjos para ela se reunir à mãe e ao irmão. Ninguém tinha notícias de Regina.

Barbara pensava todos os dias na irmã, mas sua esperança só teve sentido seis anos mais tarde. Ela tinha se casado e começado a criar sua própria família quando recebeu a notícia de que 206 cativos tinham sido resgatados e levados para o Forte Carlisle. Será que Regina era um deles?

Barbara e a mãe partiram para descobrir. A visão dos refugiados deixou-as aturdidas. A maioria deles tinha passado anos em vilas isoladas, separados de todos os colonizadores. Eles estavam macilentos e confusos. Estavam tão pálidos que se fundiam com a neve.

Barbara e a mãe andaram de cima a baixo a fila chamando o nome de Regina, examinando os rostos e falando alemão. Ninguém olhou nem respondeu. A mãe e a filha deram as costas à fila com lágrimas nos olhos e disseram ao coronel que Regina não estava entre os resgatados.

O coronel incitou-as a ter certeza. Ele perguntou se não havia algum sinal identificador, como cicatrizes e marcas de nascimento. Não havia nenhum. Ele perguntou acerca de relíquias de família, algum colar ou bracelete. A mãe sacudiu a cabeça negando. Regina não estava usando nenhuma joia. O coronel tinha uma última ideia: havia alguma lembrança ou cantiga de criança?

O rosto das duas mulheres se iluminou. Que tal a canção que elas cantavam todas as noites? Barbara e a mãe voltaram-se imediatamente para a fila e começaram a andar vagarosamente de cima a baixo das filas. Enquanto andavam, cantavam: "Sozinha, contudo, não estou sozinha..." Durante muito tempo, ninguém respondeu. Os rostos pareciam confortados com a canção, mas ninguém reagiu a ela. Então, de repente, Barbara ouviu um choro alto. Uma moça alta e delgada irrompeu da multidão em direção à mãe, abraçou-a e começou a cantar o verso.

Regina não tinha reconhecido a mãe nem a irmã. Ela tinha esquecido o inglês e o alemão. Mas se lembrava da canção que fora posta em seu coração quando ainda era menininha.[3]

Deus também põe uma canção no coração de seus filhos. Uma canção de esperança e de vida. "Pôs um novo cântico na minha boca" (Salmos 40:3). Alguns cristãos cantam esse cântico em voz alta e durante muito tempo todos os dias de sua vida. Em outros casos, o cântico é silenciado. As feridas e os acontecimentos da vida silenciam a música em seu interior. Passam-se longos períodos em que o cântico de Deus não é entoado.

Quero ser cuidadoso aqui. A verdade é que nem sempre sabemos se alguém confia na graça de Deus. A pessoa pode fingir acreditar, mas de fato não se dispõe a isso.[4] Não nos cabe saber. Mas sabemos isto: quando confessamos nossos pecados e acreditamos em Deus — não dizemos apenas as palavras, mas realmente *acreditamos* —, nosso bilhete de entrada para a eternidade é perfurado. Nosso assento no céu está reservado. Com certeza, estamos salvos. Nossa tarefa é simplesmente confiar nele. A graça interminável do Senhor nos chama para casa.

Mesmo quando estragamos tudo. Mesmo se estamos perdidos, somos cortados da família durante anos. Por fim, ouvimos sua voz e algo em nós se desperta. E quando isso acontece, começamos a cantar de novo.

CONCLUSÃO

QUANDO A GRAÇA ACONTECE

A mesma obra que Deus fez há muito tempo por intermédio de Cristo na cruz é a obra que Deus faz por intermédio de Cristo neste momento em você.

As crianças de dez anos levam muito a sério os presentes de Natal. Pelo menos, nós levávamos na quinta série, com a sra. Griffin. A troca de presentes no feriado era mais popular que a eleição presidencial, a convocação da Liga Nacional de Futebol e o desfile do Dia da Independência. Conhecíamos bem o procedimento. Um dia antes do feriado de Ação de Graças, a sra. Griffin escrevia o nome de cada um de nós em um pedaço de papel, punha os pedaços de papel em um boné de beisebol e os sacudia. Íamos um a um até a mesa dela e tirávamos o nome da pessoa a quem deveríamos dar um presente.

Sob a Lei da Troca de Presentes aprovada havia séculos, éramos instruídos a manter a identidade da pessoa a quem presentearíamos em segredo. Não era permitido revelar o nome. Não dizíamos para ninguém para quem estávamos comprando presente. Mas dizíamos para todos o que queríamos ganhar. Se não, como eles poderiam saber? Deixávamos pistas — assim como a neve que cai no inverno canadense — em todo lugar e todos os dias. Certifiquei-me de que todos os colegas de classe soubessem o que eu queria: o sexto dedo, um brinquedo.

Em 1965, todos os meninos norte-americanos queriam o sexto dedo para brincar. Sabíamos o *slogan* de cor: "Sexto dedo, sexto dedo, homem ativo! Como você se virou só com cinco?" O sexto dedo era mais que um brinquedo. Sim, senhor, Bob. Ele podia disparar uma bomba de tampa, mísseis de mensagem, uma bala secreta e o sinal de SOS. Porque ele tinha até mesmo uma caneta esferográfica escondida. Quem conseguia viver sem o sexto dedo? Eu não conseguia. E me certifiquei de que os outros 12 alunos da classe da sra. Griffin soubessem disso.

Mas Carol não estava ouvindo. A pequena Carol com tranças, sardas e sapatos pretos brilhantes. Não deixe a doce aparência dessa menina enganá-lo. Ela partiu meu coração. Pois no dia da grande troca de presentes, rasguei o papel de embrulho da minha caixa para encontrar papel de carta. Você leu certo. Papel de carta! Envelopes marrons com cartões dobrados contendo a imagem de um vaqueiro laçando um cavalo. Para que um menino de dez anos usa papéis de carta?

Há um termo para esse tipo de presente: *obrigação*. O presente que alguém é obrigado a dar. O pensamento de última hora: "Ops, quase me esqueci de comprar algum presente."

Consigo imaginar a cena na casa da pequena Carol naquela manhã fatídica de 1965. Ela está tomando café da manhã. A mãe levanta a questão da festa de Natal da classe.

— Carol, espera-se que você leve algum presente para a classe?

A pequena Carol deixa cair sua colher na tigela com os cereais matutinos.

— Esqueci! Tenho de levar um presente para o Max.

— Para quem?

— Para o Max, meu bonito colega que se sai bem em todos os esportes e assuntos e é muitíssimo educado e humilde.

— E só agora você me diz isso? — pergunta a mãe de Carol.

— Esqueci, mas sei o que ele quer. Ele quer o sexto dedo de brinquedo.

— Um dedo extra?

— Não, o brinquedo sexto dedo. "Sexto dedo, sexto dedo, homem ativo! Como você se virou só com cinco?"

A mãe de Carol riu com o pensamento.

"Hum, o sexto dedo de minha tia Edna."

Ela vai ao armário de bagunça e começa a revirar... bem, bugigangas. Ela encontra meias xadrezes com cano alto que o filho descartou e uma vela perfumada em forma de dinossauro. Ela quase escolheu a caixa de canetas Bic, mas, daí, ela viu os papéis de carta.

Carol se ajoelha e pede:

— Não faça isso, mamãe. Não dê papéis de carta com um vaqueirinho laçando um cavalo para ele. Daqui a 47 anos ele estará descrevendo este momento na conclusão de um livro. Você quer realmente ser lembrada como aquela que deu um presente como se fosse uma obrigação?

— Bá, engano seu — objeta a mãe de Carol. — Dê os papéis de carta para ele. Esse menino, de qualquer maneira, está destinado à prisão. Ele terá muito tempo para escrever cartas lá na prisão.

E assim ela me deu o presente. E o que fiz com ele? A mesma coisa que você fez com aquelas ridículas meias que sua tia mandou para você. Dei na festa de Natal de nossa classe do ano seguinte.

Sei que não devemos reclamar. Mas honestamente quando alguém lhe dá bala de Natal de dois anos atrás e diz:

— Isso é para você.

Será que você não detesta a falta de criatividade? Mas quando a pessoa dá um presente de verdade, você não ama o fato de haver afeto nesse ato? Os bolos feitos em casa, as entradas para você assistir a sua banda obscura favorita, o poema personalizado, o livro do Lucado. Esses presentes o convencem que alguém planejou, preparou, economizou, pesquisou. Será que não passa de uma decisão de último minuto? Não, esse presente era só para você.

A graça é preciosa porque ele é. A graça transforma a vida das pessoas porque ele transforma.

Você já recebeu um presente como esse? Com certeza já recebeu. Desculpe falar em seu nome, mas sei a resposta quando faço a pergunta. Você ganhou um presente pessoal perfeito. Um só para você. "Hoje, na cidade de Davi, *lhes* nasceu o Salvador, que é Cristo, o Senhor" (Lucas 2:11; grifo do autor).

Um anjo falou essas palavras. Os pastores foram os primeiros a ouvi-las. Mas o que o anjo lhes disse, Deus diz a todos que ouvirem. "Hoje, na cidade de Davi, *lhes* nasceu." Jesus é o presente.

A graça é poder, não apenas perdão.
— John Piper

Ele mesmo é o tesouro. A graça é preciosa porque ele é. A graça transforma a vida das pessoas porque ele transforma. A graça nos assegura porque ele assegura. O presente é o Doador: "Porque a graça de Deus se manifestou salvadora a todos os homens" (Tito 2:11).

Descobrir a graça é descobrir a total devoção de Deus a você, sua determinação obstinada em lhe dar um amor purificador, curador e restaurador que levanta de novo o ferido. Será que ele fica no alto de uma colina e convida você a sair do vale? Não, claro que não. Ele joga uma corda e o tira de lá. Será que ele constrói uma ponte e lhe ordena que a atravesse? Não, ele não faz isso. Ele atravessa a ponte e o carrega nos ombros.

Esse é o presente dado por Deus. Uma graça que nos garante primeiro o poder para receber amor e, depois, o poder para doar esse amor. Uma graça que nos transforma, que nos modela e que nos conduz a uma vida transformada para sempre. Você conhece essa graça? Confia nessa graça? Se não, você pode fazer isso. Tudo que Deus quer de nós é fé. Ponha sua fé em Deus.

> Veja-se pelo que é de fato — o projeto pessoal de remodelação de Deus.

Deixe-o fazer seu trabalho. Deixe a graça ultrapassar suas notas ruins, suas críticas e sua consciência culpada. Veja-se pelo que é de fato — o projeto pessoal de remodelação de Deus. Não um mundo para você mesmo, mas uma obra nas mãos dele. Não mais definido pelas falhas, mas refinado por elas. Confiando menos no que você faz e mais no que Cristo fez. Não sem graça, mas inundado por ela. Convencido bem lá no âmago de sua alma de que Deus está apenas começando esse trabalho em sua vida.

E cresça na graça de Deus. Mais ação que ideias. Mais agora que depois. A graça não aconteceu apenas, ela acontece sempre. A graça acontece aqui. A mesma obra que Deus fez há muito tempo por intermédio de Cristo na cruz é a obra que Deus faz por intermédio de Cristo neste momento em você.

NOTAS

CAPÍTULO 1: A AVENTURA DA GRAÇA

1. Meu falecido amigo Tim Hansel disse algo parecido em seu livro *You Gotta Keep Dancin'*. Elgin, IL: David C. Cook Publishing Co., 1985, p. 107.
2. ETHRIDGE, Shannon. "Why Didn't He Hate Me?" *Christianity Today*, 1º de janeiro de 2008; http://www.christianitytoday.com/iyf/truelifestories/ithappenedtome/10.44.html.

CAPÍTULO 2: CHEGA DE CRÍTICAS

1. Adaptado de Josh Phillips conforme relatado a Ann Swindell. "If Anybody Knew the Real Me". *Christianity Today*, 1º de janeiro de 2008, http://www.christianitytoday.com/iyf/truelifestories/ithappenedtorne/20.40.html.
2. REIMANN, Jim. *Victor Hugo's Les Misérables*. Nashville, TN: Word Publishing, 2001, p. 16.
3. Ibid., p. 29-31.

CAPÍTULO 3: O MELHOR NEGÓCIO QUE VOCÊ PODE FAZER

1. Adaptado de "Teen Accused of Bomb Threat Spends 12 Days in Juvenile Detention After Daylight-Saving Time Snafu". *Fox News*, 5 de abril de 2007, http://www.foxnews.com/story/0,2933,264273;00.html e de CHOLODOFSKY, Rich. "Hempfield Bomb Threat Lawsuit Settled". *Tribune Review*, 28 de agosto de 2008, http://www.pittsburghlive.com/x/pittsburghtrib/news/westmoreland/s_585274.html#.
2. FARRAR, Steve. *Standing Tall*. Sisters, OR: Multnomah, 1994, 2001, p. 56-59.
3. DOBSON, Dr. James e Shirley. *Night Light for Parents*. Sisters, OR: Multnomah, 2002, p. 130. Usado com permissão de James Dobson.

CAPÍTULO 4: A GRAÇA É TUDO DE QUE PRECISAMOS

1. NEWTON, John. "Amazing Grace". HymnSite.com, http://www.hymnsite.com/lyrics/umh378.sht.

2. Adaptado de *Fierce Beauty: Choosing to Stand for What Matters Most*, copyright © 2011 por Kim Meeder. Usado com permissão de WaterBrookMultnomah, uma marca do Crown PublishingGroup, uma divisão da RandomHouse, Inc.

CAPÍTULO 5: RICO EM GRAÇA

1. QUINTANILLA, Michael. "Angel Gives Dying Father Wedding Moment". *San Antonio Express-News*, 15 de dezembro de 2010. Usado com permissão de Chrysalis Autry.
2. PETERSON, Eugene. *Traveling Light: Modern Meditations on St. Paul's Letter of Freedom*. Colorado Springs, CO: Helmers and Howard, 1988, p. 91.
3. Adaptado de Shepherd, Jacob Andrew. "The Christmas I Got Rich", em *Stories for a Teen's Heart*, Book 3. Sisters, OR: Multnomah, 2002, p. 15-17. Usado com permissão de Jacob Shepherd.

CAPÍTULO 6: PÉS MOLHADOS

1. JEREMIAH, David. *Captured by Grace: No One Is Beyond the Reach of a Loving God*. Nashville, TN: Thomas Nelson, 2006, p. 9-10.
2. STONE, Dave. "Ten Years Later: Love Prevails" (sermão feito na Southeast Christian Church, Louisville, KY, em 11 de setembro de 2011); http://www.southeastchristian.org/default.aspx?page=34768&project=107253.
3. Adaptado de BOND, Katherine. "Music Lessons", em *Stories for the Extreme Teen's Heart*. Comp. Alice Gray. Sisters, OR: Multnomah, 2000, p. 42-46. Usado com permissão de Katherine Grace Bond, autora do romance *The Summer of No Regrets* [O verão sem arrependimentos] (Sourcebooks) e do livro infantil *The Legend of the Valentine* [A lenda de Valentine] (Zondervan), uma história do movimento dos direitos civis.
4. JEREMIAH, *Captured by Grace*, p. 11.
5. FINN, Robin. "Pushing Past the Trauma to Forgiveness". *New York Times*, 28 de outubro de 2005; http://www.nytimes.com/2005/10/28/nyregion/281ives.html.
6. LEMIRE, Jonathan. "Victoria Ruvolo, Who Was Hit by Turkey Nearly 6 Years Ago, Forgives Teens for Terrible Prank". *New York Daily News*, 7 de novembro de 2010; http://articles.nydailynews.com/2010-ll-07/local/27080547_1_victoria-ruvolo-ryan-cushing-forgives.
7. Ibid.

CAPÍTULO 7: CONFESSANDO

1. Adaptado de GROVES, Shaun. "Addicted to Porn", *Christianity Today*, 1º de janeiro de 2007; http://www.christianitytoday.com/iyf/hottopics/sexabstinence/15.50.html. Usado com permissão de Shaun Groves.
2. "Doctors Remove Knife from Man's Head After 4 Years". *AOL News*, 18 de fevereiro de 2011; http://www.aolnews.com/2011/02/18/doctors-remove-knife-from-li-fuyans-head-after-4-years.

CAPÍTULO 8: MAIS QUE PERFEITO

1. Adaptado de BARNHILL, Carla. "If Only I Could Be Perfect." *Christianity Today*; http://www.christianitytoday.com/jyf/hottopics/selfesteem/8c6040.html. Este artigo foi publicado pela primeira vez na *Campus Life*. Usado com permissão. Copyright Christianity Today International.
2. UNMUTH, Katherine Leal e SIMNACHER, Joe. "Coppell Teen Who Died in Ski Accident Remembered for Her Vitality". *Dallas Morning News*, 17 de março de 2010; http://www.dallasnews.com/news/community-news/coppell/headlines/20100316-Coppell-teen-who- died-in-ski-7917.ece.

CAPÍTULO 9: VOCÊ FAZ PARTE

1. POWERS, Michael T. "A Father's Love", em *Chicken Soup for the Christian Teenage Soul*. Deerfield Beach, FL: Health Communications, 2003, p. 73-75.
2. Adaptado de GATLIN, LaDonna "Outstretched Arms", em *Chicken Soup for the Soul: Christian Teen Talk* de Jack Canfield, Mark Victor Hansen & Amy Newmark. Copyright 2008 de Chicken Soup for the Soul Publishing, LLC. Publicado por Chicken Soup for the Soul Publishing, LLC. Chicken Soup for the Soul é uma marca registrada da Chicken Soup for the Soul Publishing, LLC. Reimpresso com permissão. Todos os direitos reservados.
3. NAILLING, Lee. "Orphan Train", em *Guideposts*, março de 1991.

CAPÍTULO 10: CERTAMENTE SALVO

1. Em *Currents of the Heart: Glimpses of God in the Stream of Life* de Gigi Graham Tchividjian, copyright © 1996 de Gigi Graham Tchividjian. Usado com per-

missão de Water Brook Multnomah, uma marca de Crown Publishing Group, uma divisão da RandomHouse, Inc.

2. CRAVEN, Tracy Leininger. *Alone, Yet Not Alone*. San Antonio, TX: His Seasons, 2001, p. 19.
3. Ibid., p. 29-31, 42, 153-54, 176, 190-97.
4. Judas é um exemplo de alguém que parecia ter sido salvo, mas, na verdade, não foi. Durante três anos ele seguiu Cristo. Enquanto os outros se tornavam apóstolos, ele se tornava uma ferramenta de Satanás. Quando Jesus disse: "Vocês estão limpos, mas nem todos" (João 13:10); ele referia-se a Judas, que tinha uma fé falsa. O pecado persistente pode ser sinal de descrença.

Este livro foi composto em ChaparralPro 11/16,5 e
impresso pela Edigráfica sobre papel Chambril Avena
80g/m² para a Nova Fronteira em 2014.